Ingrid Weis

DaZ im Fachunterricht

Sprachbarrieren überwinden – Schüler erreichen und fördern

Verlag an der Ruhr

Impressum

Titel
DaZ im Fachunterricht
Sprachbarrieren überwinden – Schüler erreichen und fördern

Autorin
Ingrid Weis

Titelbildmotiv
© picture-alliance/ZB

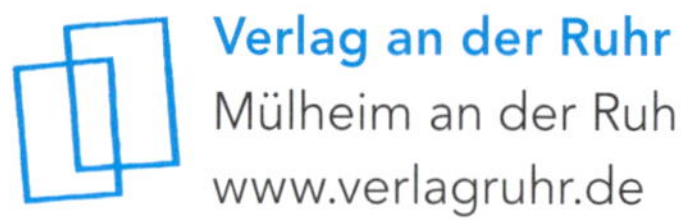

Verlag an der Ruhr
Mülheim an der Ruhr
www.verlagruhr.de

Geeignet für die Klassen 5–10

Unser Beitrag zum Umweltschutz:
Wir sind seit 2008 ein ÖKOPROFIT®-Betrieb und setzen uns damit aktiv für den Umweltschutz ein. Das ÖKOPROFIT®-Projekt unterstützt Betriebe dabei, die Umwelt durch nachhaltiges Wirtschaften zu entlasten. Unsere Produkte sind grundsätzlich auf chlorfrei gebleichtes und nach Umweltschutzstandards zertifiziertes Papier gedruckt.

ISBN 978-3-8346-2392-8

Printed in Germany

Inhaltsverzeichnis

Inhaltsverzeichnis

Vorwort

ZUR SITUATION IN DER SCHULE

Unsere Schulklassen sind **multilinguale Regelklassen**: Schüler* mit unterschiedlicher Herkunft und mit unterschiedlichen sprachlichen Fähigkeiten lernen zusammen. Wir müssen Schüler, deren Muttersprache Deutsch ist, zusammen mit Schülern anderer Herkunftssprachen unterrichten. Beide Gruppen sind keine homogenen Einheiten. Wir unterrichten **Schüler, die die deutsche Sprache unterschiedlich gut verstehen und beherrschen**.

Die **Lernsituation** von Schülern, deren Muttersprache nicht Deutsch ist und die Deutsch als Zweitsprache oder manchmal auch als Drittsprache lernen, ist eine besondere. Sie müssen in einer Sprache denken lernen, die sie sich teilweise nur unzureichend aneignen konnten.
Mit den traditionellen didaktischen Entscheidungen ist eine erfolgreiche Förderung aller Schüler nicht möglich. Wir müssen daher umdenken, **neue Wege gehen**, den **Regelunterricht verändern** und ihn an die veränderten gesellschaftlichen Bedingungen anpassen.

Wir brauchen Unterrichtskonzepte, die **sprachliches und fachliches Lernen in allen Fächern miteinander verbinden**; sprachliches Lernen darf sich nicht nur auf den Deutschunterricht, Sprachförderung darf sich nicht auf den Förderunterricht beschränken! Wir brauchen ein **sprachdidaktisches Konzept**, das ein gemeinsames integratives Sprachenlernen im Regelunterricht aller Fächer möglich macht. Das ist eine große Herausforderung für Sie als Lehrer, die nur bewältigt werden kann, wenn alle Beteiligten sich gemeinsam dieser Aufgabe annehmen.
Dieser Ratgeber soll Ihnen helfen, Ihren Unterricht entsprechend umzugestalten und weiterzuentwickeln.

ZU DIESEM BUCH

Im **ersten Kapitel** des Buches werden **theoretische Grundlagen** dargestellt. Der Erwerb der Muttersprache und der Erwerb einer weiteren Sprache unterscheiden sich in den meisten Fällen grundlegend. Sie erfahren, warum dieser Unterschied bedeutsame Auswirkungen auf das Lernen haben kann.

---

* Aus Gründen der besseren Lesbarkeit haben wir in diesem Buch durchgehend die männliche Form verwendet. Natürlich sind damit auch immer Frauen und Mädchen gemeint, also Lehrerinnen, Schülerinnen etc.

Vorwort

Sie werden darüber hinaus erkennen, was Bildungssprache eigentlich ist und wie sie sich von der Alltagssprache unterscheidet.
Kurz zusammengefasst sind dann die Besonderheiten der deutschen Sprache und die sprachlichen Besonderheiten der Fachsprachen dargestellt.
Die multilinguale Schule muss die Herkunftssprachen ihrer Schüler würdigen und, wenn immer es möglich ist, auch mit einbeziehen. Sie erfahren, warum das so wichtig ist.
Die nächsten beiden Abschnitte helfen Ihnen, „verdeckte Sprachschwierigkeiten" und Fossilierungen zu erkennen.
Mit einem kurzen Überblick über diagnostische Verfahren endet das **Grundlagenwissen**.

In den folgenden Kapiteln geht es um **Sprachbildung als Querschnittsaufgabe für eine mehrsprachige Schule**.
Wichtig ist eine sprachliche Förderung aller Kinder in allen Fächern, getragen von allen an der Schule tätigen Menschen.

Sie bekommen im **zweiten Kapitel** daher zunächst einen Überblick über wichtige Methoden der Sprachförderung. Alle dargestellten Methoden sind anhand von Beispielen erläutert.

Im **dritten Kapitel** erfahren Sie, was der Begriff „interkulturelle Schule" bedeutet und warum der Weg dahin nur gemeinsam bewältigt werden kann.

Das **vierte Kapitel** widmet sich der **konkreten Umsetzung im Unterricht**.
Dort werden für die Fächer Deutsch, Mathematik, den naturwissenschaftlichen und den gesellschaftswissenschaftlichen Lernbereich konkrete Unterrichtsvorhaben dargestellt.
Sie erfahren so, wie es gelingen kann, einen Unterricht zu planen, der fachliches und sprachliches Lernen miteinander verbindet und die Lernbedürfnisse aller Kinder berücksichtigt.
Alle Praxisbeispiele sind in mehrsprachigen Klassen erprobt worden.

Ich hoffe, dass Ihnen dieses Buch hilft, **die großen Herausforderungen einer multilingualen Schule zu meistern**.
Ich wünsche Ihnen dabei viel Freude!

Ingrid Weis

GRUNDLAGENWISSEN: MEHRSPRACHIGKEIT

Spracherwerbssituationen: Deutsch als Erst-, Zweit- und Fremdsprache

MUTTERSPRACHE

Der **Erstspracherwerb** eines Menschen beginnt mit der Geburt und verläuft somit parallel zur Entwicklung eines Kindes. Die Erstsprache, nicht ohne Grund auch Muttersprache genannt, spielt bei der Persönlichkeitsentwicklung eines Menschen eine sehr wichtige Rolle. Der Begriff „Muttersprache" umfasst eine emotionale Dimension, die der Begriff „Erstsprache" nicht erfasst.
Mit der **Muttersprache** werden Normen, Werte, Gefühle transportiert.

Verstummung (Chiellino)
Meine Sprache grenzt mich ab
ich habe sie aufgegeben
mit deiner
verfaulen mir
die Gefühle im Bauch

(Belke 2003,6)

Jeder Mensch hat das Recht, seine Muttersprache zu sprechen und zu pflegen. Die **UNESCO** hat mit der Einführung des Internationalen Tages der Muttersprachen (21. Februar) dieses Recht eines Menschen, seine Muttersprache zu pflegen und die Sprachenvielfalt zu bewahren, unterstreichen wollen. Dieses Recht gilt auch dann, wenn die Muttersprache nicht die Verkehrs- und Unterrichtssprache des Landes ist.

Plakat der UNESCO

Spracherwerbssituationen: Deutsch als Erst-, Zweit- und Fremdsprache

Eine **gute Ausbildung der Muttersprache** ist aber nicht nur ein Menschenrecht, sondern auch aus linguistischer Sicht sehr wichtig.
Das wird deutlich, wenn man sich vor Augen führt, wie die grandiose Leistung funktioniert, eine Sprache scheinbar so nebenbei zu erlernen und zu lehren, ohne Unterricht, ohne dass grammatische Kategorien und Fachbegriffe genannt werden.
Eltern und andere Bezugspersonen haben (es sei denn, sie sind es von Berufswegen) keine pädagogische Ausbildung und haben kein Studium der Linguistik absolviert. Und dennoch machen sie, wenn sie ihr Kind lieben und eine gute Beziehung zu ihm aufgebaut haben, alles richtig in ihrer Rolle als **Sprachlehrperson**.
Eltern und andere Bezugspersonen **reagieren auf die (sprachlichen) Äußerungen** der Kinder und korrigieren diese folgendermaßen:

- Durch „übertriebene" Sprechweise wird das Lautsystem dargeboten.
- Der Sprachrhythmus, die Sprachmelodie wird betont.
- Äußerungen werden gedehnt, das Sprechtempo wird verlangsamt.
- Begriffe und Wörter werden genannt und erklärt.
- Alternativfragen helfen, Begriffe zu präzisieren.
- Äußerungen werden richtig wiederholt.
- Äußerungen werden vervollständigt.
- Äußerungen werden expandiert.
- Mimik und Gestik werden unterstützend eingesetzt.

Die **Interaktionen zwischen dem Kind und seinen Bezugspersonen** verläuft altersgemäß und gesteuert. Die sprachlichen Interaktionen zwischen den Eltern und anderen Bezugspersonen und dem Kind laufen parallel zur dessen physischer und psychischer Entwicklung.

Natürlich haben nicht alle Kinder gleich gute Bedingungen bei dem Erlernen ihrer Muttersprache. Der sprachliche Input unterscheidet sich qualitativ und quantitativ. Dennoch lässt sich **zusammenfassend** sagen:

Kinder erlernen ihre Muttersprache implizit und erwerben somit schon nach wenigen Jahren ein zuverlässiges linguistisches Bezugssystem.

Spracherwerbssituationen: Deutsch als Erst-, Zweit- und Fremdsprache

FREMDSPRACHE

Das **Erlernen einer oder mehrerer Fremdsprachen** gewinnt in unserer globalisierten Welt immer mehr an Bedeutung.
Fremdsprachenlernen kann in unterschiedlichen Kontexten stattfinden: Fremdsprachenunterricht in unseren Schulen, Sprachkurse im In- und Ausland, Sprachkurse für Migranten, Lernprogramme mit CDs usw. Alle diese Maßnahmen haben eines gemeinsam: Sie vermitteln die Fremdsprache strukturiert und gesteuert.
Kinder in unseren Schulen erlernen eine Fremdsprache unter folgenden Bedingungen:

- In der Regel wird die Erstsprache altersgemäß beherrscht, d. h. dass die Kinder bereits über ein linguistisches Bezugssystem verfügen.
- Die Erstsprache steht als Hilfe zur Verfügung.
- Der Unterricht, die Lehrwerke und Lehrpläne sind dem Alter und dem Erwerbsprozess angepasst.
- Der Stand des verlangten Könnens ist unterrichtsabhängig.
- Für das Erlernen der Fremdsprache haben die Kinder mehrere Jahre Zeit.
- Die Lehrkräfte haben ihr Fach studiert und sowohl die Sprache als auch die Methodik und Didaktik der Vermittlung gelernt.
- Fremdsprachen und Fremdsprachenkenntnisse werden in der Regel wertgeschätzt.
- Fremdsprachen werden strukturiert und gesteuert über mehrere Jahre unterrichtet.

ZWEITSPRACHE(N)

Die **Spracherwerbsbedingungen einer Zweitsprache** (hier ist nicht das Erlernen einer Fremdsprache gemeint) unterscheiden sich grundlegend von den Erwerbsbedingungen der Muttersprache oder einer Fremdsprache.
Menschen kommen nach Deutschland, um hier zu leben und zu arbeiten. Ihre Kinder erlernen die Zweitsprache Deutsch in der Regel in alltäglichen Lebenssituationen nebenbei in einem Sprachbad (beim Spielen auf der Straße, auf dem Fußballplatz etc.) und nicht in einer strukturierten unterrichtlichen Situation.
Eine Korrektur oder eine Steuerung findet meistens nicht oder nur sehr wenig statt. Die Sprachwissenschaft beschreibt diese Erwerbssituation mit dem Begriff

Spracherwerbssituationen: Deutsch als Erst-, Zweit- und Fremdsprache

„Submersion" (submerse – ein/untertauchen). Auf dem Spiel- oder Fußballplatz schnappen die Kinder Sprachbrocken auf. Auf dem Sportplatz ist nicht der präzise Wortschatz und die korrekte Syntax wichtig. Wichtig ist, dass die Mannschaft gewinnt.
Diese unter Submersionsbedingungen erworbenen Sprachkenntnisse reichen meistens aus, um **Alltagssituationen**, die konkret an einen bestimmten Kontext gebunden sind, zu bewältigen. Für schulische Anforderungen reichen diese sehr oberflächlichen sprachlichen Fähigkeiten nicht aus.
Im Unterricht führt die **sprachliche Überforderung** häufig zu einer **kognitiven Unterforderung**.

> „Die mit der Erstsprache verbundene kognitive Entwicklung stagniert, weil das Kind (...) gezwungen ist, in einer Sprache zu funktionieren, die es noch nicht kann. (...) Wenn Minderheitenkinder dem Unterricht nicht folgen können, weil sie den Input nicht verstehen, kommt es nicht zum Intake, d. h. sie lernen weder die Sprache noch das, was mit dieser Sprache vermittelt wird."
>
> *(Belke 2003, 25)*

Das Können der Zweitsprache ist Voraussetzung für erfolgreiches schulisches Lernen. Die große **Herausforderung** besteht darin, im Unterricht mehrsprachigen Lerngruppen die **Synchronisation von gesteuertem und ungesteuerten Spracherwerb zu organisieren**.

Die Zweitsprache Deutsch wird in der Regel ungesteuert im Sprachbad erworben. Eine natürliche Korrektur findet selten statt. Meistens ist zu Beginn des Zweitspracherwerbs die Erstsprache noch nicht entwickelt.

Spracherwerbssituationen: Deutsch als Erst-, Zweit- und Fremdsprache

	Muttersprache	**Fremdsprache**	**Zweitsprache**
Sprach-erwerbs-situation	Erstsprache wird altersgemäß aus-gebildet	Erstsprache ist altersgemäß entwickelt; Erwerbssituation der Fremdsprache gesteuert, strukturiert	Erstsprache ist sozialisationsbedingt oft nicht altersge-mäß ausgebildet; Erwerbssituation der Zweitsprache weit-gehend ungesteuert
Beginn des Sprach-erwerbs	Erwerbsprozess von Geburt an	Beginn der An-eignung zu unter-schiedlichen Zeit-punkten, meistens in der Grundschule	Zweitspracherwerb beginnt zu unter-schiedlichen Zeit-punkten, abhängig von sozialen Kon-takten, bei Seiten-einsteigern erst während der Schulzeit
Unterrichts-situation	Erstsprache ist Unterrichtssprache, die weiterentwickelt wird	Zielsprache ist Lerngegenstand	Zweitsprache ist Voraussetzung für schulisches Lernen, bedeutsame kom-munikative Aufga-ben müssen mit unzureichenden Sprachkompeten-zen bewältigt werden
Schulische Rahmen-bedin-gungen	muttersprachlich orientierte Lehrer-ausbildung; Mutterspracherwerb ist Grundlage in Richtlinien, Lehr-plänen und Lehr-büchern	fundierte Lehrer-ausbildung; Richtlinien, Lehr-pläne und Lehr-werke sind dem Alter und dem Erwerbsprozess angepasst	keine verbindliche Lehreraus- und fortbildung; kaum Berücksich-tigung der Mehr-sprachigkeit und der Situation der mehr-sprachigen Schüler in Richtlinien, Lehr-plänen und Lehr-büchern

Welche „Sprachen" werden in der Schule gesprochen? BICS – CALP

Auf die Frage **„Welche Sprachen werden in Ihrer Schule gesprochen?"** antworten Sie vielleicht: Englisch, Französisch, Spanisch usw. Eventuell wird diese Aufzählung noch um einige Herkunftssprachen der Schüler ergänzt. Die Antwort könnte dann lauten: An unserer Schule werden zwölf verschiedene Sprachen gesprochen: Türkisch, Polnisch, Russisch, Griechisch …
Die Frage, welche Sprachen in der Schule gesprochen werden, wäre dann aber nur zu einem Teil beantwortet. Denn jede einzelne Sprache kann in unterschiedlichen Kommunikationssituationen verwendet werden. Und für diese unterschiedlichen **Kommunikationssituationen** werden unterschiedliche **sprachliche Register** benötigt.

BEISPIEL

Sie gehen zum Bäcker und kaufen Brötchen.
Verkäufer: *„Bitte, was darf es sein?"*
Kunde: *„Drei von da oben und zwei normale."*
Verkäufer: *„Alles?"*
Kunde: *„Ja."*
Verkäufer: *„Danke. 2,10 €."*
Kunde: *„Bitte, tschüss."*

Mit ganz geringen sprachlichen Mitteln kommen Sie ans Ziel. Vollständige Sätze, genaue Bezeichnungen sind nicht nötig. Der **Kontext** entlastet die Situation.

Ganz anders ist es, wenn Sie über den Brötchenkauf eine kleine **Geschichte** schreiben. Alle Informationen über Personen, Gegenstände, Handlungen müssen jetzt ausschließlich mit sprachlichen Mitteln dargestellt werden.

BEISPIEL

Freitagmorgen betrat eine Kundin den Bäckerladen.
Die Verkäuferin fragte die Kundin, was sie wünsche. Die Kundin verlangte drei Roggenbrötchen und zwei normale Brötchen. Nachdem die Verkäuferin der Kundin die Ware gegeben hatte, fragte sie diese nach weiteren Wünschen. Die Kundin erklärte, dass sie keine weiteren Wünsche habe. Die Verkäuferin nannte 2,10 € als Preis. Die Kundin gab der Verkäuferin das Geld und verabschiedete sich.

Welche „Sprachen" werden in der Schule gesprochen? BICS – CALP

Um diese kleine Geschichte schreiben zu können, müssen folgende sprachliche Mittel beherrscht werden:

- Fachwortschatz (Kundin, Wünsche, verabschieden)
- Komposita (Freitagmorgen, Roggenbrötchen, Bäckerladen)
- Präteritum (betrat, nannte, erklärte, gab)
- Konjunktiv (wünsche)
- komplizierter Satzbau (H – NS)
- Inversion (Freitagmorgen betrat eine Kundin ...)
- Textverknüpfer/Pronomen (... fragte sie diese ...)

Alltagssprache, Umgangssprache, Bildungssprache und Fachsprachen unterscheiden sich durch unterschiedliche sprachliche Register voneinander. In der Sprachwissenschaft werden für die **unterschiedlichen sprachlichen Register** verschiedene Begriffe geführt.

Der bekannte kanadische Linguist Cummins (Cummins 1979) untersuchte den Spracherwerb mehrsprachiger Kinder und unterschied die grundlegenden Sprachfähigkeiten und akademisch schriftsprachliche Fähigkeiten und führte die Begriffe **BICS (Basis Interpersonal Communication Skills)** und **CALP (Cognitive Academic Language Proficiency)** ein.
Andere Autoren, wie Koch/Oesterreicher und Belke, verwenden die Begriffe „Sprache der Nähe" und „Sprache der Distanz". In anderen Veröffentlichungen werden die Unterschiede mit den Begriffen „konzeptionelle Mündlichkeit" und „konzeptionelle Schriftlichkeit" beschrieben.
Die Begriffe „Alltagssprache" und „Fachsprache" oder „Bildungssprache" werden zudem in letzter Zeit vermehrt gebraucht.

Für die **Planung des Unterrichts** ist es wichtig, zu wissen, dass die sprachlichen Register der konzeptionellen Mündlichkeit, der Umgangssprache relativ schnell gelernt werden. Die meisten Schüler beherrschen diese sprachlichen Register. Die **sprachlichen Register der konzeptionellen Schriftlichkeit**, die Bildungssprache und die Fachsprachen, **dürfen nicht vorausgesetzt werden**. In dem neu gestalteten Unterricht müssen neben den Fachinhalten immer auch die notwendigen sprachlichen Mittel, die zum Erlernen, Begreifen und Anwenden dieser Inhalte notwendig sind, bereitgestellt und gelernt werden. Ein in dieser Weise veränderter Unterricht hilft nicht nur den Schülern mit Migrationshintergrund, sondern allen Kinder.

Welche „Sprachen" werden in der Schule gesprochen? BICS – CALP

Folgende Tabelle veranschaulicht die Unterschiede der sprachlichen Register.

BICS	CALP
Umgangssprache, Alltagssprache konzeptionelle Mündlichkeit Sprache der Nähe	**Bildungssprache, Fachsprache konzeptionelle Schriftlichkeit Sprache der Distanz**
Alltagskommunikation	Fachsprache
face-to-face-Interaktion	raumzeitliche Trennung
kontextgebunden (eine gemeinsame konkrete Situation)	kontextunabhängig (keine gemeinsame konkrete Situation)
dialogisch	monologisch
viele deiktische Begriffe (hier, oben, jetzt, das, da, dann)	Zeit, Personen, Orte, Sachverhalte müssen mit sprachlichen Mitteln beschrieben werden
umgangssprachliche Ausdrücke	fachsprachliche Ausdrücke
geringer Wortschatz	großer Wortschatz
Füllwörter (ja, da, doch, nee …)	präzise verdichtete Sprache
unvollständige Sätze, parataktischer Satzbau	komplizierte, verschachtelte Sätze hypotaktischer Satzbau
Information durch Mimik, Gestik, Intonation	Information nur durch die Sprache
geringere Komplexität und Informationsdichte	höhere Komplexität und Informationsdichte

Sprachliche Besonderheiten der deutschen Sprache

Im Folgenden finden Sie **besondere Merkmale der deutschen Sprache** zusammengefasst, die (mehrsprachigen) Schülern Schwierigkeiten bereiten (können). Diese Hintergrundinformationen sollen Ihnen helfen, den Stand des Spracherwerbs zu beobachten und Normverstöße und Vermeidungsstrategien zu erkennen.

BESONDERHEITEN AUF DER LAUTEBENE

Kurze und lange Vokale

In vielen Herkunftssprachen, z. B. in der türkischen und in der russischen Sprache sind im Gegensatz zum Deutschen **kurze und lange Vokale** nicht bedeutungsunterscheidend.

BEISPIELE

Ofen – offen
beten – Betten
Beet – Bett
Höhle – Hölle
Hüte – Hütte

Das phonologische System einer Sprache wirkt wie ein Sieb, das alles Gesprochene durchlässt. Menschen hören **die Zweitsprache durch das Sieb der Erstsprache**. So ist es nicht verwunderlich, dass besonders die Schüler anderer Herkunftssprachen Probleme auf der phonologischen Ebene haben, deren Herkunftssprachen keine Unterscheidung zwischen langen und kurzen Vokalen kennen. Die unterschiedliche Vokallänge hat neben der Bedeutungsunterscheidung auch erheblichen **Einfluss auf die Rechtschreibung**.

TIPP

Es nützt wenig, zu sagen: „*Du musst genau hinhören.*“
Auch die Begrifflichkeiten „kurz – lang“ helfen meistens kaum.
Lassen Sie stattdessen Wörter sprechen und dabei den Klang und die Mundstellung beobachten.
Beachten Sie, dass die Unterscheidung kurz – lang eigentlich einen anderen Laut repräsentiert.

Sprachliche Besonderheiten der deutschen Sprache

Konsonantenhäufungen gibt es in der deutschen Sprache an beiden Silbenrändern, sowohl am Anfang als auch am Ende.

	K	K	K	K	V	K	K	K	K
brüllst			b	r	**ü**	l	l	s	t
Strumpf		S	t	r	**u**	m	p	f	
Herbst				H	**e**	r	b	s	t
Schrank	S	c	h	r	**a**	n	k		

Die **Aussprache und Schreibweise dieser Konsonantencluster** muss besonders geübt werden. Nicht selten kommt es vor, dass Schüler sogenannte Sprossvokale einbauen (Birief statt Brief, Schwiwesta statt Schwester).

BEISPIELE

Konsonantenhäufungen am Silbenanfang:

Br / Bl
Fr / Fl
Gr / Gl
Kr / Kl / Kn
Pr / Pl / PFl
St / STr
Sp / SPr / SPl
SCHm / SCHw / SCHr / SCHl / SCHn

Konsonantenhäufungen am Silbenende:

-icht / -acht
-lb / -lk
-mp / -mpf / -md / -mt
-nd / -nk / -nf
-ps / -pf / -pft
-st / -scht
-gs / -chs / -ks / -cks

Sprachliche Besonderheiten der deutschen Sprache

Probleme können auch **Knacklaute in Komposita** bereiten. Der Endkonsonant der ersten Silbe wird nicht zum nächsten Anfangsvokal hinübergezogen (Arbeits – amt, Klassen – arbeit).

TIPPS

- Achten Sie immer auf die korrekte Aussprache. Sprechen Sie langsam und akzentuiert.
- Mit Zungenbrechern, Reimen und Hexensprüchen lassen sich Konsonantencluster spielerisch üben.

LAUT- UND BUCHSTABENINVENTAR IM DEUTSCHEN UND IN DEN HERKUNFTSSPRACHEN

Im Deutschen gibt es **Laute, die es in anderen Sprachen nicht gibt**.
Dazu gehören Diphthonge und Nasallaute.
Einige Beispiele, die das türkische Alphabet mit dem der deutschen Sprache vergleichen, sind:
Die in der türkischen Sprache verwendeten Buchstaben <ç/Ç>, <ğ/Ğ>, <ș/Ș> kennt die deutsche Sprache nicht. Die in der deutschen Sprache verwendeten Buchstaben <w/W>, <x/X>, <ä/Ä> und <ß> und die Buchstabenkombinationen <sch> und <tsch> sind in der türkischen Sprache nicht bekannt.
Das <s/S> der deutschen Sprache wird in der türkischen Sprache mit dem Buchstaben <z/Z> abgebildet.
Hierdurch können für Schüler **Probleme beim Lesen von Texten und bei der Rechtschreibung** entstehen.

TIPP

Informieren Sie sich über die Herkunftssprachen.
Eine kurze und verständliche Übersicht über die Besonderheiten dieser Sprachen finden Sie hier:

- www.uni-due.de/prodaz/sprachbeschreibung.php
- K-H. Bünting: „Grammatik". Verlag an der Ruhr, 2012.

Sprachliche Besonderheiten der deutschen Sprache

SILBEN UND RHYTHMUS

Jede Sprache hat einen **eigenen Rhythmus und eine besondere Betonung** (Prosodie). Rhythmus und Prosodie sind bedeutungstragende Elemente einer Sprache. Babys nehmen zuerst die prosodischen Elemente der Sprache wahr und reagieren irritiert, wenn sie andere Sprachen mit anderen prosodischen Elementen hören.
Die meisten Wörter im Deutschen werden auf der ersten Silbe betont. Andere Sprachen haben ein anderes Betonungsmuster: In der polnischen Sprache wird z. B. fast immer die vorletzte Silbe und in der spanischen Sprache meistens die zweite Silbe betont. Falsche Betonung erschwert das Sprachverständnis oder macht es sogar unmöglich.

BEISPIELE

Hustenbonbons – husten Bonbons
Urinstinkt – Urin stinkt
Arbeitsamt – Arbeit Samt
Streikende – Streik Ende

In vielen Kinderliedern und durch Reime üben kleine Kinder den Sprachrhythmus.

BEISPIEL

Backe, **ba**cke, **Ku**chen,
der **Bä**cker hat **ge**rufen,
wer will **schö**nen **Ku**chen **ba**cken,
der muss **ha**ben **sie**ben **Sa**chen …

Mehrsprachigen Kindern fehlen häufig diese elementaren Erfahrungen.

TIPPS

- Lassen Sie die Schüler viel und betont sprechen. Chorsprechen und rhythmisches Sprechen könnten z. B. fester Bestandteil des Unterrichts sein.
- Singen und rhythmische Übungen und Sprachspiele sind eine hervorragende Unterstützung.
- Raps eignen sich hervorragend, um den Sprachrhythmus und auch prosodische Elemente der Sprache implizit zu üben.

Sprachliche Besonderheiten der deutschen Sprache

DIE BESONDERHEITEN DER WORTBILDUNG

In der deutschen Sprache gibt es besonders viele **Wortbildungsmöglichkeiten**. Man unterscheidet zwei Hauptarten der Wortbildung: Zusammensetzung (Komposition) und Ableitung (Derivation).

Komposita

Komposita bereiten besonders mehrsprachigen Schülern Probleme. Mit einem Kompositum wird in der deutschen Sprache ein Sachverhalt ausgedrückt, der in anderen Sprachen mit einem oder mehreren Sätzen beschrieben werden muss. Die **zusammengesetzten Wörter** müssen in ihre einzelnen Bestandteile zerlegt werden, diese müssen inhaltlich verstanden werden. Danach muss die **Bedeutung** der einzelnen Teile im Kontext überprüft werden, was nicht immer einfach ist, da diese häufig eine übertragene Bedeutung ist.

BEISPIELE

der Tisch + das Bein = das Tischbein
das Wasser + dicht = wasserdicht
das Wort + der Schatz = der Wortschatz
der Fluss + das Diagramm = das Flussdiagramm
öffnen + die Zeit = die Öffnungszeit
sauer + der Stoff = der Sauerstoff

TIPP

Klären Sie, bevor Sie die Schüler einen Text bearbeiten lassen, die Bedeutung der Komposita:
Lassen Sie diese Wörter zunächst in ihre einzelnen Bestandteile zerlegen. Im zweiten Schritt sollten die Schüler versuchen, die Bedeutung aus dem Kontext zu erschließen. Sollte das nicht möglich sein, müssen die Schüler die Bedeutung im Wörterbuch nachschlagen oder Sie müssen die genaue Bedeutung erklären.

Sprachliche Besonderheiten der deutschen Sprache

Nominalisierungen

Nominalisierungen, also Verben und Adjektive, die als Nomen gebraucht werden, kommen gehäuft in Fachtexten vor.

das Hobeln, **das Vermessen** …
Es ist **zum Weinen**.
Der Verkauf der Ware …
Beim Herunterfahren der Maschine …

Häufig ist in den Nominalisierungen ein Konditionalsatz versteckt (**Wenn die Maschine heruntergefahren wird**, gehen die Arbeiter in die Mittagspause.).

Formen Sie zusammen mit den Schülern Nominalisierungen in Konditionalsätze um.

- Herunterfahren der Maschine … – Wenn ich die Maschine herunterfahre, dann …
- das Hobeln – Wenn ich Holz hobele, dann …

Vor- und Nachsilben

Nomen, **Verben und Adjektive** verändern nicht nur ihre Form, sondern auch ihre Bedeutung, wenn sie **mit Vor- und Nachsilben zusammengesetzt** werden.

der Unsinn, der Verkauf, die Entscheidung …
verlaufen, ablaufen …
brennbar, erneuerbar, rostfrei, lustlos, entfernt …

Sprachliche Besonderheiten der deutschen Sprache

TIPP

Sie sollten in einem solchen Fall die konkrete Bedeutung eines Wortes im Kontext durch sprachliche Expansion (vgl. Kapitel „Lesestrategien", S. 70–81) erläutern. Ein Beispiel: Eine entfernte Quelle ist keine Quelle, die weggenommen wird. Eine entfernte Quelle ist eine Quelle, die weit von meinem Standort weg ist.
Neben einer Klärung auf semantischer Ebene sollten die Wortbildungsregeln thematisiert werden.
Von der konkreten Wortbildungsregularität (Wörter mit der Vorsilbe -ent) können Sie weitere Übungen ableiten, indem die Schüler weitere Wörter mit dieser Vorsilbe suchen, und deren Bedeutung immer im Kontext durch sprachliche Expansion erläutern.

Wörter mit besonderer Bedeutung

Es gibt im Deutschen Wörter, die **neben der gebräuchlichen zusätzlich noch eine oder mehrere Bedeutungen** haben können.

BEISPIELE

still: stilles Wasser
kippen: Der See kippt um.
gehen: Ich gehe. Es geht mir gut. Die Uhr geht falsch.

Sprachliche Besonderheiten der deutschen Sprache

INTERFERENZEN ZWISCHEN UMGANGS- UND FACHSPRACHLICHER BEDEUTUNG

Viele **fachsprachliche Begriffe** haben **umgangssprachlich eine völlig andere Bedeutung**.

Fachsprachliche Bedeutung	Umgangssprachliche Bedeutung
die Seite (math.: Linie in einer math. Figur)	die Buchseite (eine Fläche), auf der anderen Seite (gegenüber), zeig dich von deiner besten Seite (mach einen guten Eindruck), die Internetseite (eine virtuelle Fläche)
die Ecke (math.: besonderer Punkt einer Linie)	die Häuserecke, die Nussecke (Kuchen mit drei Ecken), die Spielecke
der Vorgänger (math.: vorhergehender Teil in einer Reihe)	mehrere Menschen: Schröder, Kohl und Schmidt sind alle Vorgänger von Kanzlerin Merkel
der Körper (nat.: ein Objekt, das Masse hat und Raum einnimmt)	ein menschlicher Körper, Himmels-körper (ein Stern)
das Produkt (math.: Ergebnis einer Multiplikation)	eine Ware, ein Ergebnis
der Überschlag (math.: Rechnen mit auf- oder abgerundeten Zahlen)	eine Turnübung
der Bruch (math.: eine Zahl, die mit Zähler und Nenner dargestellt wird)	der Einbruch, eine Beziehung ist zu Ende, ein Haus wird abgerissen
die Lösung (nat.: flüssiges Gemisch aus verschiedenen Stoffen)	die erfolgreiche Beendigung einer Aufgabe
die Puppe (nat.: in einer Hülle steckende Insektenlarve)	ein Spielzeug
der Kurzschluss (nat.: fast widerstands-lose Verbindung zweier Pole einer Spannungsquelle)	eine unüberlegte Reaktion

Sprachliche Besonderheiten der deutschen Sprache

TIPP

- Vor Beginn einer jeden Unterrichtseinheit sollten Sie sich eine Liste mit diesen Interferenzen erstellen und zusammen mit den Schülern die alltagssprachliche und die fachsprachliche Bedeutung der Begriffe in Tabellen festhalten.
- Wörterbucharbeit, Visualisierungen im Klassenraum und Wortschatzhefte, die auch zweisprachig geführt werden können, sind bei der Klärung von fachsprachlichen Bedeutungen von Begriffen eine gute Unterstützung.

GRAMMATIK

Deklination

Deklinationsfehler sind die häufigsten Fehler, nicht nur bei mehrsprachigen Schülern.

BEISPIEL

Text eines Mädchens, 12 Jahre, lebt seit 6 Jahren in Deutschland, Herkunftsland Rumänien.

Stadt, Land, Fluss – Spielbeschreibung
bei das Spiel Stadt, Land, Fluss musst du als erstes eine Tabelle zeichnen dann musst du die Begriffe in die Tabelle rein schreiben zumbeispiel Stad, Land, Fluss, Pflanze und noch mehr und dann misst ihr in der Tabelle auch punkte machen dann fängt einer an …

Das **Deklinationssystem** im Deutschen ist sehr unübersichtlich. Deklination bedeutet **Formveränderung**. Durch die Formveränderungen werden die **Beziehungen der Personen und Sachen zueinander** beschrieben. Wenn Schüler die Deklination nicht beherrschen, verstehen sie oftmals den Sinn eines Textes nicht.
Erschwerend kommt hinzu, dass **Artikel mehrfach belegt** sind. Der Artikel „der" bezeichnet z. B. Maskulinum Singular, Femininum Genitiv und Dativ und den Genitiv Plural. Bei Deklinationsübungen wird vielfach vernachlässigt, dass Nomen in bestimmten Fällen auch ohne Artikel geführt werden (Afrika ist ein großer Kontinent.).

Sprachliche Besonderheiten der deutschen Sprache

Im Folgenden finden Sie die Deklinationstabellen für die bestimmten und unbestimmten Artikel.

bestimmter Artikel (der/die/das)				
Singular				**Plural**
	männlich	weiblich	sächlich	m/w/s
Nominativ	der	die	das	die
Genitiv	des	der	des	der
Dativ	dem	der	dem	den
Akkusativ	den	die	das	die

unbestimmter Artikel (ein/eine)			
Singular			
	männlich	weiblich	sächlich
Nominativ	ein	eine	ein
Genitiv	eines	einer	eines
Dativ	einem	einer	einem
Akkusativ	einen	eine	ein

Eine weitere Besonderheit der deutschen Sprache besteht darin, dass die **Verneinung des unbestimmten Artikels „ein"** durch das Wort „kein" realisiert wird (Ich habe ein Auto. Ich habe kein Auto.).
Die meisten Herkunftssprachen kennen diese Verneinungsform nicht. Dort wird die Verneinung, wenn wir wörtlich zurückübersetzen, in etwa so ausgedrückt: Ich habe nicht ein Auto.

Verneinung des unbestimmten Artikels (kein)				
Singular				**Plural**
	männlich	weiblich	sächlich	m/w/s
Nominativ	kein	keine	kein	keine
Genitiv	keines	keiner	keines	keiner
Dativ	keinem	keiner	keinem	keinen
Akkusativ	keinen	keine	kein	keine

Sprachliche Besonderheiten der deutschen Sprache

In vielen **Herkunftssprachen** wird die **Deklination anders abgebildet**. In der türkischen und russischen Sprache gibt es z. B. keine Artikel, die Kategorie Kasus wird durch Endungen ausgedrückt. In anderen Sprachen wird **Nomen** zudem **ein anderes Genus** zugewiesen: der Sonne (Spanisch, Italienisch), die Satz (Griechisch).

TIPP

- Lassen Sie Wörter immer mit dem Artikel, am besten sowohl mit dem bestimmten als auch mit dem unbestimmten, üben.
- Führen Sie Deklinationsübungen nie formal und isoliert durch, da der Kasus von anderen Faktoren (Präpositionen, Verben) abhängt.

Verben

Verben sind **wichtige Strukturelemente des Satzes**, sie haben eine semantische und eine syntaktische Bedeutung. Verben müssen aus mehreren Gründen geübt werden.

Die **Verbkonjugation** ist in der deutschen Sprache deutlich komplizierter als in vielen Herkunftssprachen, da häufig einer Änderung des Stammvokals auftritt.

BEISPIELE

ich falle – du fällst
ich esse – du isst
ich laufe – du läufst
ich sehe – du siehst

Bei der Bildung der **Zeitformen** des Perfekts oder des Plusquamperfekts können der **Gebrauch der Hilfsverben** und die Unterscheidung von „sein“ und „haben“, die es in vielen Herkunftssprachen gibt, Probleme bereiten.

Das Präteritum wird umgangssprachlich kaum verwendet. Folglich dürfen die Formen, besonders die der **unregelmäßigen Verben**, nicht vorausgesetzt werden. Der richtige Gebrauch der starken Verben ist eine Voraussetzung, um Passivkonstruktionen bilden zu können.

Sprachliche Besonderheiten der deutschen Sprache

TIPP

Eine tabellarische Erfassung der unregelmäßigen Verben und systematisches Auswendiglernen sind unabdingbar.

Viele Herkunftssprachen, z. B. Türkisch und Russisch, kennen keine **trennbaren Verben**. Bei der Satzbildung bedingen sie die sogenannte Verbklammer. Um diese Verben richtig zu gebrauchen, müssen die Schüler erkennen, ob ein Verb trennbar oder nicht trennbar ist, was von der Betonung abhängt.

BEISPIELE

umgraben: Ich **grabe** den Garten **um**.
ver**gra**ben: Ich **vergrabe** den Schatz.

Trennbare und nicht trennbare Verben haben in vielen Fällen eine doppelte Bedeutung.
umfahren: Ich **fahre** dich **um**.
um**fah**ren: Ich **umfahre** den Stau.

Die türkische Sprache kennt keine **reflexiven Verben**. Echte reflexive Verben treten immer mit einem Reflexivpronomen auf, das sich auf das Subjekt des Satzes bezieht.
Andere, auch „unechte reflexive Verben" genannt, können entweder mit einem Reflexivpronomen oder auch mit einem Substantiv oder Pronomen gebraucht werden.

BEISPIELE

echte reflexive Verben:
sich schämen: **Ich** schäme **mich**.
sich freuen: **Ich** freue **mich**.

unechte reflexive Verben:
sich waschen: **Ich** wasche **mich**. Ich wasche **das Auto**.
sich fragen: **Ich** frage **mich**. Ich frage **den Lehrer**.

Der **Imperativ** drückt eine Aufforderung (Anweisung, Befehl, Verbot, Bitte, Warnung) aus und tritt nur in der 2. Person (Singular und Plural) und in der Höflichkeitsform auf.

Sprachliche Besonderheiten der deutschen Sprache

Bei einigen Imperativformen unterscheidet sich der Vokal von dem der Präsensform. Diese besondere Formgebung kann dazu führen, dass Arbeitsanweisungen nicht verstanden werden.

BEISPIELE

Komm!
Kommt!
Kommen Sie!

lesen – Lies!
nehmen – Nimm!
Sehen – Sieh!

Der richtige Gebrauch des **Konjunktivs** bereitet nicht nur mehrsprachigen Schülern große Probleme. Oftmals vermeiden sie diese Form.
Der Konjunktiv ist aber wichtig, um sprachlich zwischen Realität und Vorstellungen, Wünschen und Vermutungen zu unterscheiden.
Schwierig ist, dass einige Formen im Indikativ und im Konjunktiv gleich, andere verschieden sind.

Indikativ und Konjunktiv 1					
Präsens		**Perfekt mit haben**		**Perfekt mit sein**	
Indikativ	*Konjunktiv*	*Indikativ*	*Konjunktiv*	*Indikativ*	*Konjunktiv*
ich gehe	ich gehe	ich habe gelacht	ich habe gelacht	ich bin gegangen	ich sei gegangen
du gehst	du gehest	du hast gelacht	du habest gelacht	du bist gegangen	du seiest gegangen
er geht	er gehe	er hat gelacht	er habe gelacht	er ist gegangen	er sei gegangen
wir gehen	wir gehen	wir haben gelacht	wir haben gelacht	wir sind gegangen	wir seien gegangen
ihr geht	ihr gehet	ihr habt gelacht	ihr habet gelacht	ihr seid gegangen	ihr seiet gegangen
sie gehen	sie gehen	sie haben gelacht	sie haben gelacht	sie sind gegangen	sie seien gegangen

Sprachliche Besonderheiten der deutschen Sprache

Indikativ und Konjunktiv 2					
Präsens		**Perfekt mit haben**		**Perfekt mit sein**	
Indikativ	*Konjunktiv*	*Indikativ*	*Konjunktiv*	*Indikativ*	*Konjunktiv*
ich gehe	ich ginge	ich habe gelacht	ich hätte gelacht	ich war gegangen	ich wäre gegangen
du gehst	du gingest	du hast gelacht	du hättest gelacht	du warst gegangen	du wärest gegangen
er geht	er ginge	er hat gelacht	er hätte gelacht	er war gegangen	er wäre gegangen
wir gehen	wir gingen	wir haben gelacht	wir hätten gelacht	wir waren gegangen	wir wären gegangen
ihr geht	ihr ginget	ihr habt gelacht	ihr hättet gelacht	ihr wart gegangen	ihr wäret gegangen
sie gehen	sie gingen	sie haben gelacht	sie hätten gelacht	sie waren gegangen	sie wären gegangen

Verben regieren den Kasus bei Objekten und Ergänzungen, das ist die sogenannte **Kasusrektion** (siehe Deklination).

BEISPIELE

Verben, die den Genitiv regieren: bedürfen, schämen, gedenken …
Ich gedenke der Opfer.

Verben, die den Dativ regieren: folgen, gehören, helfen, begegnen, nützen, zustimmen, antworten …
Ich antworte dem Lehrer.

Verben, die den Akkusativ regieren: essen, loben, schlagen, trinken, einkleiden, kaufen, fragen, lesen …
Ich lese die Zeitung.

Sprachliche Besonderheiten der deutschen Sprache

TIPPS

- Verben sollten nie isoliert, sondern immer im Kontext eingeübt werden. Um die komplizierte Kasusrektion einzuschleifen, bietet sich die Arbeit mit Satzmustern an (siehe den Abschnitt „Generative Textproduktion", S. 83).
  Ich lese **die Zeitung**. Ich lese **die Broschüre**. Ich lese …
  Ich lese **das Buch**. Ich lese **das Plakat**. Ich lese …
  Ich lese **den Text**. Ich lese den **Aufsatz**. Ich lese …
- Starke Verben sollten tabellarisch erfasst und auswendig gelernt werden.
- Trennbare Verben sollten betont gesprochen werden. Gesten können die Satzklammer (Bogen vom ersten Teil des Verbs bis zum Satzende) verdeutlichen. In Texten wird das Erlernen der trennbaren Verben unterstützt, wenn beide Teile des Verbs markiert werden.

Passiv

Das **Verständnis und der Gebrauch von Passivkonstruktionen** stellt eine große Herausforderung an die sprachlichen Fähigkeiten der Schüler dar. Passivkonstruktionen werden in der Alltagssprache nur sehr selten benutzt und sind ein typisches Merkmal von Fachsprachen. In Nachrichtentexten werden ebenfalls häufig Passivkonstruktionen verwendet, ebenso sind sie ein sprachliches Mittel für autoritäre Kommunikationsstrukturen.

> Untersuchungen in einer Berliner Berufsschule kommen zu dem Ergebnis, „dass ein großer Teil der türkischen Kinder […] nicht in der Lage waren, den Bedeutungsunterschied zwischen folgenden Satzpaaren zu erkennen:
> Sie wird rufen – Sie wird angerufen.
> Du wirst sehen – Du wirst gesehen.
> Wir werden fahren. – Wir werden gefahren."
>
> *(Belke, 2004, 60)*

Das Passiv wird also häufig mit dem Futur verwechselt: Passiv Präsens wird mit einer Form von „werden" und dem Partizip Perfekt, das Futur Aktiv mit einer Form von „werden" und dem Infinitiv gebildet.
Eine zusätzliche Schwierigkeit kommt hinzu: Mit einigen Verben kann das Passiv gebildet werden, mit anderen Verben nicht.

Sprachliche Besonderheiten der deutschen Sprache

TIPP

- Setzen Sie das Verständnis von Passivsätzen nicht voraus.
- Bieten Sie viele Übungen für die Aktiv-Passiv-Transformation an.

Adjektivflexion

Die Adjektivflexion der deutschen Sprache ist sehr kompliziert. Sie richtet sich danach, ob vor dem Adjektiv ein bestimmter, ein unbestimmter oder gar kein Artikel steht. Zusätzlich wird zwischen Genus, Numerus und Kasus unterschieden.

Adjektivflexion nach bestimmten Artikeln				
	Singular			**Plural**
Nominativ	der groß**e** Tisch	die groß**e** Tasche	das groß**e** Haus	die groß**en** Tische/ Taschen/Häuser
Genitiv	des groß**en** Tisches	der groß**en** Tasche	des groß**en** Hauses	der groß**en** Tische/ Taschen/Häusern
Dativ	dem groß**en** Tisch	der groß**en** Tasche	dem groß**en** Haus	den groß**en** Tischen/ Taschen/Häuser
Akkusativ	den groß**en** Tisch	die groß**e** Tasche	das groß**e** Haus	die groß**en** Tische/ Taschen/Häuser

Adjektivflexion nach unbestimmten Artikeln (ein-, kein-, all-)				
	Singular			**Plural**
Nominativ	ein groß**er** Tisch	eine groß**e** Tasche	ein groß**es** Haus	alle groß**en** Tische/ Taschen/Häuser
Genitiv	eines groß**en** Tisches	einer groß**en** Tasche	eines groß**en** Hauses	aller groß**en** Tische/ Taschen/Häuser
Dativ	einem groß**en** Tisch	einer groß**en** Tasche	einem groß**en** Haus	allen groß**en** Tischen/ Taschen/Häusern
Akkusativ	einen groß**en** Tisch	eine groß**e** Tasche	ein groß**es** Haus	alle groß**en** Tische/ Taschen/Häuser

Sprachliche Besonderheiten der deutschen Sprache

Adjektivflexion nach Nullartikel				
	Singular			**Plural**
Nominativ	groß**er** Hass	groß**e** Liebe	groß**es** Geheimnis	groß**e** Geheimnisse
Genitiv	groß**en** Hasses	groß**er** Liebe	groß**en** Geheimnisses	groß**er** Geheimnisse
Dativ	groß**en** Hass	groß**er** Liebe	groß**em** Geheimnis	groß**en** Geheimnissen
Akkusativ	groß**en** Hass	groß**e** Liebe	groß**es** Geheimnis	groß**e** Geheimnisse

Die Verwendung von **Adjektiven in prädikativer Form** ist sehr einfach, da hier das Adjektiv nicht flektiert wird, die Form ändert sich nicht.

BEISPIELE

Der Krimi **ist langweilig**.
Das Auto **ist kaputt**.
Die Klassenarbeit **ist schwer**.
Der Hund **ist hungrig**.

Leider wird in Schulbüchern neben dem Finden von Gegensatzpaaren oftmals ein Schwerpunkt auf diese nicht so häufig angewandte und nicht schwierige Form gelegt.

TIPPS

- Üben Sie die Adjektivflexion regelmäßig im Kontext.
- Achten Sie darauf, dass die Schüler die Endungen deutlich aussprechen und nicht verschlucken.

Sprachliche Besonderheiten der deutschen Sprache

Präpositionen

Präpositionen werden nicht dekliniert. Sie bestimmen aber die Kasusform der auf sie folgenden Nomen **(Kasusrektion)**. Sie bilden mit den dazugehörigen Ergänzungen die Präpositionalphrase.

In anderen Herkunftssprachen werden Präpositionen völlig anders abgebildet. Im Türkischen sind sie z. B. nicht als Wortart vorhanden, die zu beschreibenden Verhältnisse werden als Endungen an die Nomen gehängt.

Präpositionen bereiten mehrsprachigen Schülern aus verschiedenen Gründen **Schwierigkeiten**:

Präpositionen können **vier verschiedene adverbiale Beziehungen und Verhältnisse** ausdrücken:

- **lokale Präpositionen** (Richtung: wohin, woher; Raum und Ort: wo): an, auf, aus, in, neben, über, vor
- **temporale Präpositionen** (Zeit: wann, Dauer: wie lange): an, in, gegen, seit, um, während
- **kausale Präpositionen** (Grund, Ursache, Zweck): wegen, dank, aus, durch, zu
- **modale Präpositionen** (Art und Weise): durch, mit, ohne, gemäß, gegen

Präpositionen können **unterschiedliche Bedeutungen** haben. Beispielsweise können um, in, an, auf, ab temporal oder lokal gebraucht werden. Besonders im mathematischen Kontext führt das häufig zu Verwechslungen.

BEISPIELE

um drei Uhr
um die Stadt herum
8 ist um 5 größer als 3

Sprachliche Besonderheiten der deutschen Sprache

In präpositionalen Gruppen können Präpositionen auch die **Funktion von Attributen** haben.

die Prinzessin mit den goldenen Haaren

Präpositionen lassen sich **nicht einfach** von einer Sprache in die andere **übersetzen**.

I am interested in … – Ich habe Interesse an …

Präpositionen können **mit dem Artikel verschmelzen**, sodass sie dann nicht mehr klar erkennbar sind.

BEISPIELE

an + dem = am
in + dem = im
zu + dem = zum
zu + der = zur
von + dem = vom
bei + dem = beim

Mit den Präpositionen müssen die Fälle gelernt werden, die sie regieren:

- Präpositionen mit dem **Dativ**: ab, aus, außer, bei, seit, von, zu, laut, mit, nach, per, samt, von, zu
- Präpositionen mit dem **Akkusativ**: bis, durch, für, gegen, je, ohne, um
- Präpositionen mit dem **Genitiv**: abseits, anhand, anstatt, aufgrund, diesseits, inmitten, infolge, jenseits, kraft, mangels, oberhalb, seitens, unterhalb, während, wegen, zugunsten

Sprachliche Besonderheiten der deutschen Sprache

Besondere Probleme bereiten die **Wechselpräpositionen**: an, auf, hinter, neben, in, vor, zwischen, über, unter.

- Auf die Frage „wo" folgt der **Dativ**: Wo liegt das Heft? – Das Heft liegt **auf dem** Tisch.
- Auf die Frage „wohin" folgt der **Akkusativ**: Wohin legt sie das Heft? – Sie legt das Heft **auf den** Tisch.

Besonders bei Orts- und Richtungsangaben wird deutlich, wie komplex das Thema ist.

BEISPIELE

Wir fahren **in** die Türkei.
Wir fahren **auf** die Malediven.
Wir fahren **nach** Holland.

Ich gehe **in** die Schule. (Ich bin Schüler. Ich gehe in das Gebäude.)
Ich gehe **zur** Schule. (Ich bin Schüler. Ich gehe in Richtung Schule.)
Ich gehe **auf** die Waldschule. (Ich bin Schüler der Waldschule.)

Präpositionen spielen auch im Mathematikunterricht eine große Rolle. Es ist z. B. ein Unterschied, ob ich eine Zahl auf oder um eine andere Zahl ergänze.

TIPP

- Lassen Sie Präpositionen immer im Kontext lernen.
- Aufgrund der Komplexität dieser Wortart sollten Sie immer das Textverständnis klären lassen und gegebenenfalls durch Umformung oder Textexpansion den Bedeutungszusammenhang erläutern.

Textverknüpfungsmittel

Ein **Text** ist keine willkürliche, zufällige Anhäufung oder Aneinanderreihung von Sätzen. In einem Text werden **Sätze und Textteile sinnvoll miteinander verknüpft**. In der Sprachwissenschaft werden dafür die Begriffe Kohäsion (strukturell-grammatischer Zusammenhang) und Kohärenz (inhaltlich-thematischer Zusammenhang) gebraucht.
In der deutschen Sprache stehen dafür **Konjunktionen** (und, weil, obwohl, aber, also, denn, darum, …), **Pronomen** (er, sie, ihm, sein, derjenige …) und **Adverbien** (dazu, dort …) zur Verfügung. Werden diese „Textverknüpfer" nicht richtig interpretiert, wird der Text nicht verstanden.

Sprachliche Besonderheiten der deutschen Sprache

Text einer Mathe-Sachaufgabe:
Herr Meier möchte **sich** ein neues Auto kaufen. Das Auto kostet 29 000 €. **Er** hat schon 25 000 € gespart. **Er** verkauft **seinen** alten Wagen. Die Käufer geben **ihm** für **seinen** alten Wagen 3 000 €. Kann **Herr Meier** den neuen Wagen kaufen?

In der türkischen Sprache z. B. sind die Informationen, die im Deutschen durch Personalpronomen ausgedrückt werden, durch Endungen des Verbs erkennbar. Possessivpronomen werden häufig durch Suffixe ersetzt.

TIPPS

- Um die Handlungsträger im Text und ihre Beziehungen zueinander richtig zu deuten, müssen regelmäßig Übungen durchgeführt werden.
- Markieren Sie Zuordnungen in Texten (farbig) oder machen Sie sie durch Pfeile und Verbindungslinien deutlich.
- Ersetzen Sie im Text Pronomen durch Nomen.

Syntax

Die deutsche Sprache hat einen **komplizierten Satzbau**, viel komplizierter als der vieler Herkunftssprachen.
Ein wesentliches Merkmal ist, dass das finite (gebeugte) Verb ganz unterschiedliche Stellungen einnehmen kann:

- **Aussagesatz:** → Ich **schreibe** den Text **ab**.
- **Aussagesatz, Zeitadverb am Satzanfang:**
  → Heute **schreibe** ich den Text **ab**.
- **Fragesatz:** → **Schreibst** du den Text **ab**?
- **Fragesatz mit Pronomen:** → Wann **schreibst** du den Text **ab**?
- **Aufforderungssatz:**
  → **Schreibe** endlich den Text **ab**!
  → Du **sollst** den Text **abschreiben**!
- **Nebensatz:**
  → Du **wirst** nicht fertig werden, wenn du nicht zuerst den Text **abschreibst**!
  → Du **kannst** nicht mit der zweiten Aufgabe beginnen, weil du noch nicht den Text **abgeschrieben hast**.

Sprachliche Besonderheiten der deutschen Sprache

In der türkischen Sprache ist es viel einfacher. Das finite (gebeugte) Verb steht immer am Ende des Satzes. Das folgende Beispiel zeigt, wie sich Satzbaupläne unterscheiden können. Der deutsche Satz wurde in die anderen Sprachen übersetzt und anschließend zurückübersetzt.

Deutsch:
Ich beherrsche die deutsche Sprache, aber sie gehorcht mir nicht immer.

Türkisch:
Deutsch weiß-ich, aber diese Sprache mich jede Zeit hör- (nicht)-t.

Polnisch:
Beherrsche Sprache deutsche, aber er nicht immer sich mich gehorcht.

Russisch:
Ich beherrsche deutsche Sprache, aber er gehorcht(sich) mich nicht immer.

Quelle: www.uni-due.de/prodaz/sprachbeschreibungen

Ziel des von Dr. Claudia Benholz geleiteten und der Stiftung Mercator geförderten Projektes ProDaZ an der Universität Duisburg-Essen ist es, in allen Unterrichtsfächern der verschiedenen Schulformen unterrichtlicher Konzepte zu entwickeln, welche einer sprachlich-heterogenen Schülerschaft ein nachhaltiges fachliches und sprachliches Lernen ermöglichen. Auf der projekteigenen Website kann hierzu zahlreiches Material für Schule und Unterricht abgerufen werden.

BEOBACHTUNGSBOGEN: SPRACHLICHE BESONDERHEITEN DER DEUTSCHEN SPRACHE

Es ist sehr sinnvoll, wenn Sie sich hin und wieder Notizen über die **Lernentwicklung** Ihrer Schüler machen. Wenn Sie Texte, Hausaufgaben oder Klassenarbeiten Ihrer Schüler lesen oder korrigieren und Ihnen dabei besondere sprachliche Probleme auffallen, sollten Sie diese dokumentieren und kurze Stichpunkte in eine Tabelle wie die folgende eintragen.

Sprachliche Besonderheiten der deutschen Sprache

Sprachliche Besonderheiten: ____________________

Beobachtungsbogen für ____________________

Sprachliche Phänomene	Datum	(Text-)Beispiel
Lautebene und Artikulation • lange/kurze Vokale • Konsonantenhäufungen • Laute/Buchstaben, die es in anderen Sprachen nicht gibt • Rhythmus/Betonung		
Wortschatz/Wortbedeutung/Wortbildung • Komposita • Nominalisierungen • Vor- und Nachsilben • Interferenz Umgangs-/Fachsprache		
Grammatik • Deklination • Verben • Adjektive • Präpositionen • Pronomen		
Textaufbau/Textverständnis • Textverknüpfer • Pronomen • Adverbien • Textkohärenz		
Satzbau • Aussagesatz • Fragesatz • Inversionsregel • Nebensatzkonstruktionen		
Sonstiges		

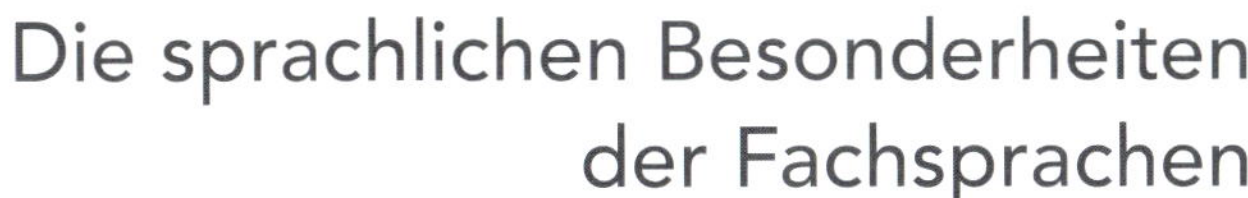

Die sprachlichen Besonderheiten der Fachsprachen

In der Literatur gibt es keine einheitliche Definition des Begriffs **Fachsprachen**. Die Fachsprachenlinguistik nennt verschiedene funktionale Eigenschaften der Fachsprachen und beschreibt zwei Gliederungsebenen (vgl. Roelke 2005).
Die **funktionalen Eigenschaften** der Fachsprachen sind Deutlichkeit, Verständlichkeit, Ökonomie, Anonymität und Identitätsstiftung. Diese Funktionen fordern sprachliche Mittel, wie z. B. Passivkonstruktionen, Ausdrücke der Unpersönlichkeit, Nominalisierungen.

Die Gliederung der Fachsprachen erfolgt in zwei Ebenen, der

- horizontalen Gliederung und der
- vertikalen Gliederung.

Die **horizontale Gliederung** beschreibt, dass verschiedene Fächer, bzw. Fachbereiche, eigene sprachliche Systeme haben. Gleiche Begriffe haben teilweise, je nachdem, in welchem Fachbereich sie gebraucht werden, völlig unterschiedliche Bedeutungen. Die Begriffe Ellipse, Hyperbel und Parabel sind Fachbegriffe sowohl in der Mathematik als auch in der Sprachwissenschaft.

Die **vertikale Gliederung** der Fachsprachen beschreibt die verschiedenen Kommunikationsebenen innerhalb eines einzigen Faches. Wissenschaftliche Arbeiten haben natürlich eine andere sprachliche Qualität als Schulbuchtexte, aber dennoch müssen Sie bei der Planung des Unterrichts beachten, dass die schulischen Anforderungen an Fachsprachen sich deutlich vom umgangssprachlichen Niveau unterscheiden, also nicht als bekannt vorausgesetzt werden dürfen.

Sprachliche Register

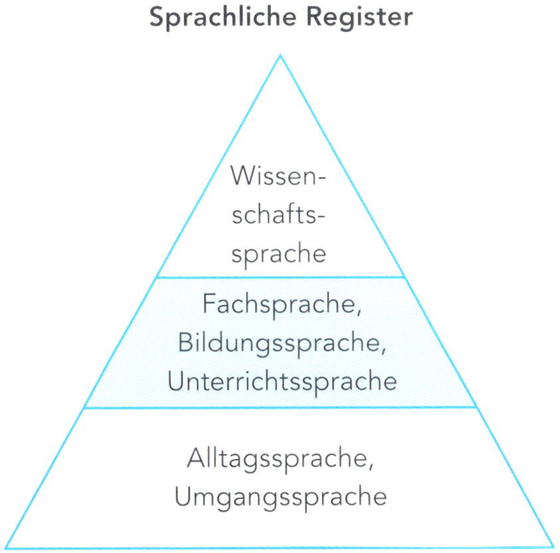

Die sprachlichen Besonderheiten der Fachsprachen

Zu beachten ist auch, dass es „die" **Sprache im Fachunterricht** nicht gibt. Vielmehr gibt es dort viele unterschiedliche Darstellungs- und Sprachformen (vgl. Leisen 2010). Neben der Alltagssprache sind im Fachunterricht folgende **sprachliche Varietäten** zu nennen: die **Unterrichtssprache** (die in verschiedenen Veröffentlichungen auch Bildungssprache genannt wird), die **eigentliche Fachsprache**, die **Symbolsprache** und die **Sprache der Bilder**.

Beachten Sie auch, dass es Schüler gibt, denen nicht nur fachsprachliche und bildungssprachliche Kompetenzen sondern auch schon grundlegende basale sprachliche Grundlagen fehlen.

Die folgende Zusammenfassung gibt Ihnen einen Überblick über typische fachsprachliche Merkmale.

Fachsprachliche Merkmale	
Nominalisierungen	die Beschleunigung die Instandsetzung die Angegriffenen
Komposita	das Herrschaftsgebiet die Geisteshaltung die Antriebskraft
Fremdwörter	kinetische Energie das Oxid
Interferenzen Umgangs-/Fachsprache	abziehen die Wurzel der Zylinder
Wortbildungen mit und aus Eigennamen	der Bunsenbrenner der Ottomotor röntgen
fachspezifische Abkürzungen	°C n. Chr. ph-Wert
ungewöhnliche Adjektive	brennbar erneuerbar sauerstoffarm

Die sprachlichen Besonderheiten der Fachsprachen

Verben mit komplexen Bedeutungsstrukturen	verkraften entkräften disqualifiziert
nominalisierte Verben und Adjektive	das Abwandern aus den Dörfern beim Verbrennen von
Genitivattribute	die Neuregelung der Verordnung
Präpositionalattribute	über eine Entdeckung berichten an die Umwelt denken
erweiterte Nominalphrasen	nach der theoretischen Einführung
verschachtelte Sätze: • Konditionalsätze • Finalsätze • Relativsätze	Satzadverbien und Konjunktionen wie dazu, dadurch, dabei, dort, jedoch, aber, wenn … (dann.), je mehr, umso mehr …
unpersönliche Ausdrucksweise (man, es)	wenn man …, man nimmt dazu … es kann beobachtet werden, …
Passivkonstruktionen	Eisen wird von einem Magneten angezogen. kann berechnet werden mit

BEOBACHTUNGSBOGEN: SPRACHLICHE BESONDERHEITEN DER FACHSPRACHEN

Auch für die Fachsprachen ist sehr sinnvoll, sich Stichpunkte über die **Lernentwicklung** Ihrer Schüler zu machen. Auch hier gilt: Wenn Sie Texte, Hausaufgaben oder Klassenarbeiten Ihrer Schüler lesen oder korrigieren und ihnen dabei besondere sprachliche Probleme auffallen, sollten Sie diese dokumentieren. Auch hierzu können Sie eine Tabelle wie die folgende anlegen.

Die sprachlichen Besonderheiten der Fachsprachen

Fachsprachliche Fähigkeiten im Fach: ______________________

Beobachtungsbogen für ______________________

Sprachliche Phänomene	Datum	(Text-)Beispiel
Wortschatz/Wortbedeutung/Wortbildung • Nominalisierungen • Komposita • Fremdwörter • Genitivattribute • Präpositionalattribute		
Interferenzen Umgangs- und Fachsprache • Nomen • Verben • Adjektive		
Satzbau • verschachtelte Sätze • Nebensatzkonstruktionen • Satzadverbien • Passivkonstruktionen		
Textaufbau • unpersönliche Ausdrucksweise		
Sonstiges		

Herkunftssprache(n)

Deutschland ist ein Einwanderungsland. Folgende Zahlen belegen diese Tatsache eindrucksvoll.

- Im Jahre 2005 besuchten Kinder mit 90 verschiedenen Herkunftssprachen Hamburger Schulen (vgl. Reich, H. 2005).
- Eine 2003 in Essener Schulen durchgeführte Erhebung über die Herkunftssprachen hatte das Ergebnis, dass etwa 100 verschiedene Sprachen gesprochen werden (Chlosta 2010).

UNTERRICHTSSPRACHE UND HERKUNFTSSPRACHE

In vielen Schulen und auf vielen Schulhöfen werden neben der **Unterrichts- und Verkehrssprache Deutsch** folglich viele andere Sprachen gesprochen. Einige Schulen, in den Medien wurde darüber berichtet, haben den Gebrauch der **Herkunftssprachen auf dem Schulgelände verboten**. Die Schulen argumentierten, dass durch diese Maßnahme sich die Sprachkenntnisse der Schüler verbessern und dadurch die schulische Integration gefördert würde.

Sicherlich haben diese Schulen die Maßnahme in bester Absicht mit der Erwartung veranlasst, dass sich durch den Gebrauch des Deutschen auch außerhalb des Unterrichts die Deutschkenntnisse der mehrsprachigen Schüler verbessern würden und ihre Integration Fortschritte macht. Dennoch muss festgestellt werden, dass ein Verbot der Herkunftssprachen die **Erkenntnisse der Spracherwerbsforschung nicht berücksichtigt**. Die Folge ist, dass die betroffenen Schulen nicht erkennen, dass diese Maßnahme nicht dazu geeignet ist, die Deutschkenntnisse der mehrsprachigen Schüler zu verbessern. Die **Chancen der Mehrsprachigkeit** werden nicht wahrgenommen und somit auch nicht genutzt. (Damit ist nicht gemeint, dass die Herkunftssprache benutzt werden darf, um dann Schüler oder Lehrer, die diese nicht beherrschen, auszugrenzen.)

Der grundlegende Irrtum des Verbotes der Herkunftssprachen besteht darin, dass Sprache mit Bildungssprache gleichgesetzt wird.

Die Sprache der **Schüler auf dem Schulhof** ist den Registern der konzeptionellen Mündlichkeit (BICS) zuzuordnen (vgl. Abschnitt „Welche Sprachen werden in der Schule gesprochen? BICS – CALP“, S. 13 f.). Für eine erfolgreiche Kommunikation reichen umgangssprachliche Kompetenzen aus, über die mehrsprachige Schüler in der Regel verfügen.

Herkunftssprache(n)

Lockere Unterhaltungen fördern daher nicht die Register der konzeptionellen Schriftlichkeit (CALP). Eine **monolinguale Ausrichtung** einer Schule oder des Unterrichts behebt somit nicht die Sprach- und auch nicht die Integrationsprobleme.

Eine Lösung für Schulen in einem Einwanderungsland kann nur darin bestehen, die Verkehrs- und Unterrichtssprache Deutsch in allen Fächern gezielt zu unterrichten und ihr Können nicht vorauszusetzen. Gleichzeitig sollten die Herkunftssprachen mit einbezogen, genutzt und gefördert werden.

Dieses Vorgehen ist alternativlos, denn:

- Es ist das Recht eines jeden Menschen, seine Muttersprache zu sprechen.
- Das Erlernen der Zweitsprache wird durch eine gut ausgebildete Muttersprache erleichtert, in der bereits ein zuverlässiges linguistisches Bezugssystem vorhanden ist. Zahlreihe Untersuchungen bestätigen, dass Kenntnisse, bzw. das Nichtkönnen der Muttersprache mit Kenntnissen in der Zweitsprache in positiver und negativer Hinsicht miteinander korrelieren (vgl. Cummins 1984).
- Zweisprachig aufwachsende Kinder benötigen sowohl ihre Muttersprache als auch die Verkehrssprache des Landes, um in ihrer Lebenswelt handlungsfähig zu sein. Die Herkunftssprache ist eine Mehrgenerationensprache und ermöglicht eine Partizipation am Familienleben, die Verkehrssprache des Landes steht für den schulischen und beruflichen Erfolg.
- Das schlechte Image vieler Herkunftssprachen wirkt beschämend. Wenn Schüler auf dem Schulhof Englisch oder Französisch sprechen, würde keine Schule diese Sprachen verbieten, da diese Sprachen ein sehr gutes Image haben.
- Mehrsprachigkeit an sich ist eigentlich kein Problem. Sie ist weltweit gesehen der Normalfall und in größerem Ausmaß vertreten als Einsprachigkeit. In vielen Ländern Zentraleuropas ist das allerdings bisher oft anders gewesen. Die nationale Zugehörigkeit und Identität wurde und wird hier traditionsgemäß bis auf wenige Ausnahmen über die Sprache definiert.

In der mehrsprachigen Schule verändern sich die Aufgaben für Sie als Lehrer. Mehrsprachigkeit muss unter einem anderen Blickwinkel gesehen werden. Wichtig ist, dass Sie **Mehrsprachigkeit nicht als Defizit, sondern als Normalfall** akzeptieren.

Herkunftssprache(n)

Sie sollten sich mit den wichtigsten sprachlichen Merkmalen der **Herkunftssprachen vertraut machen**. Das ist möglich, auch wenn Sie diese Sprachen nicht beherrschen. Sie müssen die Sprachen nicht lernen, das wäre ja auch unmöglich. Es ist aber notwendig und hilfreich, dass sie sich einen Überblick über die Besonderheiten der Herkunftssprache verschaffen.

TIPP Sie finden kurze Beschreibungen der wichtigsten Herkunftssprachen z. B. unter www.uni-due.de/prodaz/sprachbeschreibung.php

BERÜCKSICHTIGUNG DER MEHRSPRACHIGKEIT

Die Berücksichtigung und Würdigung der Mehrsprachigkeit verändert den Regelunterricht und verlangt zusätzliche Materialien.

Materialausstattung für die Klassenräume

Lassen Sie sich von den folgenden Vorschlägen zur Ausstattung Ihres Klassen- oder Fachraums inspirieren:

- Stellen Sie mehrsprachige Wörterbücher und Lexika zur Verfügung.
- Stellen Sie Bedeutungswörterbücher in Deutsch bereit.
- Schaffen Sie Lektüren, wenn möglich, auch in den verschiedenen Herkunftssprachen, für die Klassenbücherei und die Schulbibliothek an.
- Präsentieren Sie Atlanten, (Welt-)Karten und Bilder.
- Hängen Sie eine Weltzeituhr auf.
- Schaffen Sie Sachbücher, wenn möglich, auch in den Herkunftssprachen für den Fachunterricht und/oder für die Fachbibliotheken an.
- Nutzen Sie zweisprachige Lektüren oder Übersetzungen literarischer Werke in den Herkunftssprachen.
- Sammeln Sie mit den Schülern Informationen aus den Herkunftsländern und wertschätzen Sie sie (z. B. in Form von Ausstellungen in der Klasse oder wechselnden Plakatpräsentationen).

Herkunftssprache(n)

Berücksichtigung der Herkunftssprachen im Regelunterricht

Versuchen Sie, eine Auswahl folgender Vorschläge in Ihren Unterricht zu integrieren:

- Führen Sie Begrüßungs- und Verabschiedungsrituale in den in der Klasse gesprochenen Sprachen ein.
- Halten Sie Vorlesestunden in Deutsch und in den Herkunftssprachen (mehrsprachige Lesepaten lesen in ihrer Herkunftssprache vor) ab.
- Nutzen Sie Sprachvergleiche und Sprachkontraste.

BEISPIEL

Es geht um die Zahl 123. So verwenden Sie den Sprachvergleich: „Deutsch sprechen wir die Zahl einhundertdreiundzwanzig aus, in deiner Sprache wird die Zahl … ausgesprochen."

- Lassen Sie die Schüler zweisprachige Wortschatzhefte anlegen.
- Nutzen Sie die Herkunftssprache bei Verständigungsschwierigkeiten zum Übersetzen und Erklären.
- Wenn an Ihrer Schule herkunftssprachlicher Unterricht angeboten wird, sollte eine Zusammenarbeit zwischen dem Fachunterricht und dem herkunftssprachlichen Unterricht organisiert werden (Fachinhalte sollten im herkunftssprachlichen Unterricht in der Herkunftssprache sprachlich aufbereitet werden).

Möglichkeiten zur Berücksichtigung der Herkunftssprache im Umgang mit den Eltern

- Beziehen Sie die Eltern als Paten und wenn nötig als Übersetzer mit ein.
- Übersetzen Sie wichtige Schulinfos wenn möglich in die Herkunftssprachen.
- Laden Sie mehrsprachige Eltern zur Mitwirkung am Schulleben ein.
- Richten Sie Elterncafés, Elternstammtische, Gesprächskreise o. Ä. ein.

Herkunftssprache(n)

Mehrsprachigkeit sichtbar machen

- Lassen Sie zweisprachige Plakate im Fachunterricht erstellen.
- Bieten Sie ein Buch/Thema/Arbeitsblatt, wenn möglich, in mehreren Sprachen an.
- Präsentieren Sie Informationen über Länder, Sprachen und Kulturen möglichst aller Schüler in der Schule (z. B. können Sie die Herkunft in der Eingangshalle beispielhaft in Plakaten ausstellen).

Mehrsprachigkeit dokumentieren

Verschaffen Sie sich einen Überblick über das gesamte sprachliche Können der Schüler. Oftmals ist der sprachliche Hintergrund dem Kollegium nicht bekannt. Bei Aufnahme in die Schule oder zu Beginn der Klasse 5 sollte daher ein Fragebogen wie der folgende eingesetzt werden.

Herkunftssprache(n)

Welche Sprachen sprichst du?

Name: ______________________________ Klasse: ________

Geburtsdatum: ______________ Datum der Befragung: ______________

In welchem Land bist du geboren?

____

In welchem Land (Ländern) sind deine Eltern geboren?

____

Seit wann lebt eure Familie in Deutschland?

____

Welche Sprachen kannst du verstehen?

____

Welche Sprachen sprichst du?

____

Welche Sprache hast du zuerst gelernt?

____

Herkunftssprache(n)

Welche Sprache(n) sprichst du

- mit deinen Eltern?

____

- mit deinen Geschwistern?

____

- mit deinen Freunden?

____

In welchen Sprachen/in welcher Schrift kannst du schreiben?

____

In welchem Alter hast du begonnen, Deutsch zu lernen?

____

Welche Sprache kannst du am besten?

____

Welche Sprachen sprichst du am liebsten?

____

Hast du für das Deutschlernen noch eine Frage oder Wünsche an deine Lehrer? Schreibe bitte alles auf!

____

____

____

____

Verdeckte Sprachschwierigkeiten

Werner Knapp (Knapp 1999) beschreibt, dass besonders in den unteren Klassen Lehrkräfte das **Ausmaß der sprachlichen Schwierigkeiten** von mehrsprachigen Schülern unterschätzen. Er spricht von „verdeckten Sprachschwierigkeiten".
In diesem Kapitel erfahren Sie, was darunter zu verstehen und wie dieses Problem zu vermeiden ist.
Sprachschwierigkeiten können auf zweierlei Weise „verdeckt" werden.

LEHRERPERSPEKTIVE

Zum einen **entdecken Lehrer die sprachlichen Schwierigkeiten häufig nicht oder zu spät und unterschätzen sie dann**. In der Grundschule berichten Lehrer häufig ab Klasse 3, wenn die schriftsprachlichen Anforderungen höher werden, von „erheblichen Leistungseinbrüchen" der Kinder. Nicht selten wird das kognitive Leistungsvermögen dann unterschätzt. In der Sekundarstufe I vergrößert sich der Leistungsunterschied dann weiter.
Die **Gründe** hierfür sind sehr unterschiedlich:

- Besonders in unteren Klassen finden viele Unterrichtsaktionen mündlich statt. Die Klassenzimmersprache ist ritualisiert und konkret. Schüler können die Anweisung des Lehrers befolgen, auch ohne Lehrersprache zu verstehen, da die Situation meistens selbsterklärend ist.
- Die Unterrichtssituationen sind oftmals handlungsorientiert und sehr konkret an eine Sache gebunden. Die Schüler experimentieren z. B. mit Magneten und beobachten, welche Gegenstände an einem Magneten „kleben" bleiben und welche nicht. Auch ohne Kenntnis der Fachsprache kann dieses Experiment durchgeführt werden. Es reicht häufig aus, die gestellten Fragen mit „ja" oder „nein" zu beantworten.
- Apeltauer (1987) berichtet, dass bei sprachlich anspruchsvolleren Unterrichtssituationen Lehrer eher sprachlich kompetentere Kinder aufrufen.
- Lehrer konzentrieren sich auf den Inhalt der Schüleräußerungen, die sprachliche Form tritt in den Hintergrund.
- Da viele Lehrer nicht in der Zweitsprachdidaktik ausgebildet wurden, sind sie für die sprachlichen Probleme nicht sensibilisiert. Sie nehmen sprachliche Mängel (Lexis, Morphologie und Syntax) zunächst nicht wahr.

Verdeckte Sprachschwierigkeiten

- Viele Schüler, die hier in Deutschland geboren sind, sprechen Deutsch mehr oder weniger akzentfrei, was über das wirkliche sprachliche Können hinwegtäuscht.
- Sprachliche Mängel werden bei Migrantenkindern eher toleriert.
- An Migrantenkinder werden nicht die vollen sprachlichen Anforderungen gestellt, es wird eine Art „Schonpädagogik" angewendet.

SCHÜLERPERSPEKTIVE

Zum anderen **verwenden Schüler eine Reihe von Vermeidungsstrategien** und „verdecken" (im Sinne von verstecken) damit ihre Sprachprobleme. Die wichtigsten Strategien sind dabei folgende:

- Schüler vermeiden Wörter und Satzstrukturen, die sie nicht beherrschen und behelfen sich mit Umschreibungen. Sie „verdecken" somit ihren geringen Wortschatz und ihre unzureichenden morphologischen Kenntnisse.
- Sie sprechen sehr schnell, haben eine undeutliche Aussprache und verschlucken viele Endungen. Viele Schüler, die hier in Deutschland geboren sind, sprechen Deutsch akzentfrei, sodass das Verschlucken der Endungen nicht bemerkt wird.

Folgende Tabelle (vgl. Benholz 2000 und Scheinhardt-Stettner 2011) stellt dar, in welchem Umfang erfahrungsgemäß sprachliche Kenntnisse am Ende der Grundschulzeit bei mehrsprachigen Schülern zu erwarten sind.

Kompetenzgrad			
Hören	**Sprechen**	**Lesen**	**Schreiben**
50	20	80	80
50	80	20	20
Hörverstehen im Unterricht	L-S-/S-S-Interaktion	Lesen fachsprachlicher Text	Schreiben fachsprachlicher Text

Fossilierungen

Werden falsche Sprachmuster nicht durch einen guten sprachlichen Input korrigiert, findet oft **keine Entwicklung in der Sprachlernsituation** statt. Es kommt dann zu Fossilierungen (Versteinerungen). Das bedeutet, dass der **Zweitspracherwerb „versteinert"**:

- Er entwickelt sich nicht weiter,
- falsche Strukturen verfestigen sich oder
- es findet sogar ein Rückfall in frühere, bereits überwundene Phasen des Zweitspracherwerbs statt.

Fossilierungen sind eine **Folge des ungesteuerten Spracherwerbs**. Sie sind häufig bei Menschen zu beobachten, die schon sehr lange in Deutschland leben und arbeiten, aber nie die Gelegenheit hatten, Deutsch strukturiert zu lernen und korrigiert zu werden.

Es ist nicht einfach, **Fossilierungen aufzubrechen**.
Für Sie als Lehrkraft gilt es, zu beurteilen, ob sich die falschen Satzmuster bereits eingeschliffen, also versteinert haben oder ob es sich um Übergangsphänome handelt.

Übergangsphänomene lassen sich durch einen guten sprachlichen Input, durch das gezielte Üben der bereitgestellten sprachlichen Muster beheben. Um **Fossilierungen** zu bearbeiten, reicht das nicht aus. Folgende Strategien sollten dabei angewendet werden:

- Es ist wichtig, zunächst einmal ein Fehlerprofil zu erstellen. Am besten eignen sich dazu eigene schriftliche Texte der Schüler. Fehler müssen dann kognitiv metasprachlich benannt werden.
- Unter Zuhilfenahme von explizitem Regelwissen müssen gezielt Übungen angeboten werden, die den Wortschatz erweitern, die syntaktischen Muster einschleifen und morphologische Kenntnisse vermitteln.
- Eine weitere Möglichkeit besteht darin, Video- oder Tonaufnahmen von Schüleräußerungen zu machen und dann mit den Schülern anschließend das Gesprochene zu analysieren.

Diagnostik

Dem Begriff **„Diagnostik"** begegnen viele Lehrer mit **sehr gemischten Gefühlen**. Die Befürchtung ist häufig, den Aufwand nicht leisten zu können. „Wie soll ich denn bei 30 Schülern in der Klasse einzeln diagnostizieren? Das schaffe ich nicht."
Die Angst ist nicht ganz unberechtigt, denn nach den ersten schlechten PISA-Ergebnissen wurden in Schulen **zahlreiche Testverfahren** angeboten, die zum Teil sehr aufwändig waren und nicht immer zu einer Verbesserung des Unterrichts beitrugen.

Dennoch ist die **Analyse des Sprachstandes** nicht nur der mehrsprachigen Schüler wichtig. Nur eine gute pädagogische Diagnose der Lernausgangslage bietet eine solide Basis für erfolgreiche unterrichtliche Bemühungen. Nur auf dieser Grundlage kann dem Schüler der Lernfortschritt und der individuelle Leistungszugewinn deutlich werden, sodass Mut und weitere Motivation wachsen kann.

Im folgenden Kapitel erhalten Sie Hilfestellungen dazu, wie Sie das sprachliche Können Ihrer Schüler mit vertretbarem Aufwand diagnostizieren können.

DIAGNOSTISCHE METHODEN UND VERFAHREN

Diagnostische Verfahren lassen sich in folgende **Kategorien** einteilen:

- Befragungen (Gespräche mit Schülern, Eltern, außerschulischen Partnern)
- Fehleranalyse: Beobachtungen der Schreib-/Sprachentwicklung (Schülertexte, mündliche Schüleräußerungen, Tonaufnahmen)
- Selbsteinschätzung
- Analyseverfahren (Profilanalyse nach Grießhaber, „Der Sturz ins Tulpenbeet", Diagnosebogen für Schülertexte Rösch)
- Testverfahren („Duisburger Sprachstandtest", C-Test)

Befragungen

Einen ersten Überblick über das sprachliche Können und den sprachlichen Hintergrund Ihrer Schüler erhalten Sie, wenn Sie per Fragebogen den sprachlichen Hintergrund, also die Sprachbiografie abfragen und dokumentieren. Informationen aus Gesprächen mit Eltern und anderen an der Ausbildung der Schüler Beteiligte können ergänzend genutzt werden.

Diagnostik

Zu Beginn der Klasse 5 sollten alle Schüler **nach ihrer Sprachenbiografie befragt werden** (siehe Abschnitt „Herkunftssprachen", S. 47–49). Zwar sind Selbsteinschätzungen immer subjektiv und somit nicht unproblematisch, dennoch können sie zahlreiche Informationen liefern. Zusätzlich erhalten Sie dadurch noch Einblick in das häusliche Umfeld, die Lernbiografie und die Lebenssituation Ihrer Schüler und deren Familien.

Fehleranalyse: Beobachtung der Schreib-/Sprachentwicklung

Die **Fehleranalyse** ist eine sehr wichtige Methode, die **überall im schulischen Alltag** eingesetzt werden kann. Sie stellt passgenau die sprachlichen Fähigkeiten in Bezug auf das konkrete Unterrichtsthema dar und kann somit sofort mit konkreten Fördermaßnahmen verbunden werden.

Wenn Sie für die Besonderheiten der deutschen Sprache und der Fachsprachen sowie für Abweichungen zu den Herkunftssprachen Ihrer Schüler sensibilisiert sind und zudem immer im Hinterkopf haben, dass es die Register der konzeptionellen Schriftlichkeit (CALP) sind, die die eigentlichen Hürden darstellen, dann wird es Ihnen gelingen, **jeden Text Ihrer Schüler als Diagnoseinstrument** zu nutzen. Sie werden auch in **mündlichen Unterrichtsinteraktionen** Mängel erkennen und Ihre Schüler korrigieren können.

Da Fehler unterschiedliche **Ursachen** haben können (z. B. Einfluss der Erstsprache, unzureichender Wortschatz, unzureichende Textsortenkenntnis) ist es sinnvoll, die **Auswertung** zusammen mit dem Lernenden zu machen. Sprachkompetentere Schüler könnten Ihnen als Helfer zur Seite stehen. Nutzen Sie zur Analyse eine Übersicht, wie Sie sie auf der folgenden Seite finden.

Fehleranalyse

Name: ______________________________ Datum: __________

	Fehler	Ursache	Förderung
Sprachliche Korrektheit • Phonologie • Lexis • Morphologie • Syntax • Orthografie • Pragmatik			
Schreibstil			
Textsortenkenntnis			

Diagnostik

Profilanalyse Grießhaber

Das **von Prof. Grießhaber (2009) entwickelte Verfahren** der Profilanalyse basiert auf empirischen Forschungen zum Spracherwerb. Diese Forschungen besagen, dass sich der Spracherwerb sowohl beim Erwerb der Erstsprache als auch bei dem Erwerb der Zweitsprache nach bestimmten Erwerbsstufen vollzieht. Untersucht wird dabei die **Stellung des Verbs**.
Die **Profilanalyse** ermöglicht eine schnelle Ermittlung der Lernausgangslage. Für die Auswertung werden sechs Erwerbsstufen definiert:

Profilstufen und Merkmale der Lernersprache	
6: Insertion EPA	• komplexe und differenzierte Strukturierung innerhalb der Konstituenten
5: Insertion NS	• komplexe Strukturierung mit Nebensatzstrukturen • differenzierter Wortschatz • dichte Verkettung mit operativen und deiktischen Prozeduren
4: Nebensätze	• komplexe Strukturierung mit Nebensatzstrukturen • differenzierter Wortschatz • dichte Verkettung mit operativen und deiktischen Prozeduren • Partikeln zur Hörersteuerung und Modalisierung
3: Inversion	• ausreichender Wortschatz, Genus unsicher • Deiktika in thematischer Prä-V2-Position ➜ Fortführung • Verkettung mit operativen und deiktischen Prozeduren • Nebensatzstrukturen unsicher, im Entstehen
2: Verbalklammer	• ausreichender Wortschatz, Genus unsicher • Symbolfeldausdrücke mit Artikel ➜ syntaktisch integriert • sichere Perfektform, Modalverbkonstruktionen • beginnende Verkettung mit operativen Prozeduren • Unterstützung durch Hörer

Diagnostik

1: Finitum	• eingeschränkter Wortschatz, Lücken, Genus unsicher • Symbolfeldausdrücke oft ohne Artikel ➜ syntaktisch isoliert • meist Verankerung mit Finitum • Neufokussierung statt Verkettung mit operativen Prozeduren • Hilfe durch Hörer
0: Bruchstücke	• stark eingeschränkter Wortschatz, Lücken • unklare Strukturen bei mehreren Symbolfeld-ausdrücken (Substantive) • meist ohne Verankerung mit Finitum, viele verblose Äußerungen • Verben in der Regel irgendwie flektiert • keine Verkettung mit operativen Prozeduren (z. B. Pronomen: er, sie) • Wiederholung von Symbolfeldausdrücken zur Verkettung • Mimik und Gestik, Hilfe durch Hörer

(© Akademie Verlag, Berlin 2011)

Obwohl nur die Stellung des Verbs analysiert wird, lassen sich aus diesem Verfahren **viele andere Erkenntnisse** ableiten:

- **Wortschatz:** komplexere Satzstrukturen verlangen einen umfangreicheren Wortschatz.
- **Erzählkompetenz:** Nur wenn die Inversionsregel (Stufe 3) beherrscht wird, kann eine Geschichte als zusammenhängend erzählt werden (**Dann** habe ich geschlafen. **Danach** kam der Lehrer in die Klasse.). Schüler, die diese Stufe noch nicht erreicht haben, benötigen Strukturierungshilfen.
- **Prozessbezogene Kompetenzen (Beurteilungen, Begründungen ...):** Nur wenn die Stufe 4 erreicht ist, können Konditional- und Kausalnebensätze formuliert werden. Schüler, die diese Stufe noch nicht erreicht haben, benötigen Formulierungshilfen.

Diagnostik

Die Profilanalyse kann **jederzeit** durchgeführt werden. Es eignen sich dazu **mündliche und schriftliche Sprachproben**.
Die **Auswertung** der Sprachproben ist relativ einfach: Zunächst werden die Äußerungen in Segmente zerlegt. Dann werden die Segmente den einzelnen Profilstufen zugeordnet.

BEISPIEL

Text eines Jungen, 13 Jahre, Heimatland Marokko:

Es war Donnerstag der 24.1.13
Es war drüben vor der Mensa ich redete mit Pascalo aber 8 Klässler beleidigten mich als niger. Ich ging zum lehrer ich beschwerte mich über die 8 Klässler die jungs bekamen richtig ärger aber als die Aufsicht weg war beleidigten sie mich wieder. Daraufhin ging ich ins Sekretariat …

Der Text wird nun zunächst in Segmente zerlegt, diese werden dann den Profilstufen zugeordnet.

BEISPIEL

Es war drüben vor der Mensa / ich redete mit Pascalo aber 8 Klässler beleidigten mich als niger. / Ich ging zum lehrer / ich beschwerte mich über die 8 Klässler / die jungs bekamen richtig ärger / aber als die Aufsicht weg war beleidigten sie mich wieder. / Daraufhin ging ich ins Sekretariat / ….

Mithilfe des Sprachprofilbogens werden die einzelnen Stufen dann übersichtlich aufgelistet und das Gesamtprofil bestimmt. Der folgende **Sprachprofilbogen** ist in Anlehnung an den Sprachprofilbogen von Grießhaber (Heilmann/ Grießhaber 2012) entwickelt.

Sprachprofilbogen

Name des Kindes: ______________________________

Datum: ______________ Beobachter: ______________

Text:

____
____
____
____
____
____
____
____
____
____
____

Äußerungen Stufe:

0________1________2________3________4________5________6________

Profilstufe	Stufe 0	Stufe 1	Stufe 2	Stufe 3	Stufe 4	Stufe 5	Stufe 6
Ergebnissumme							

Ermittelte Stufe/Gesamtprofil: ______________________________

Diagnostik

Anhand dieser Analyse können nun **individuelle Förderschwerpunkte** festgelegt werden. Diese werden ausgehend von der erreichten Stufe mit Blick auf die Zone der nächsten Entwicklung bestimmt.

BEISPIEL

Sollte ein Schüler die Stufe 4 noch nicht erreicht haben, muss er bei der Formulierung von Begründungen und Erklärungen, die auch Konditional- und Kausalsätze verlangen, Entlastung und Unterstützung, z. B. durch Satz- und Textmuster, erhalten.

Tulpenbeet

Das Tulpenbeet ist ebenfalls ein **profilanalytisches Instrument**, das aus einer Sequenz von fünf Bildern besteht, die einen Sturz in ein Tulpenbeet darstellen. Das dritte Bild fehlt. Die Schüler sollen die Bildfolge verschriftlichen. Die Auswertung umfasst die Bereiche Textbewältigung, Wortschatz, bildungssprachliche Elemente und Satzverbindungen.
Die Materialien (Analysebögen, Hinweise zur Auswertung) stehen in Deutsch, Russisch und Türkisch zur Verfügung und sind im FörMig-Pogramm veröffentlicht (www.blk-foermig.uni-hamburg.de/web/de/all/mat/diag/tulp/index.html).

Diagnosebogen Rösch

Prof. Heidi Rösch hat einen Diagnosebogen entwickelt, der von ihr in verschiedenen Feriensprachcamps erprobt worden ist.
Der **Diagnosebogen** gliedert sich in die Bereiche Wortebene, Satzbau und Textebene und soll die **allgemeinen sprachlichen Kompetenzen** erfassen.

Auf der **Wortebene** wird die einmalige Verwendung von Wörtern betrachtet. Wird ein Wort in einem Text z. B. sechsmal gebraucht, so zählt es nur einmal. Durch dieses Zählverfahren können Rückschlüsse auf den Umfang des Wortschatzes gezogen werden. Ein weiterer Vorteil dieses Diagnosebogens ist, dass die Textebene berücksichtigt wird.
Eine Empfehlung wäre, diesen Analysebereich bei Bedarf durch Aussagen zu ergänzen, die sich auf Textsortenkenntnisse beziehen.
Der folgende Diagnosebogen ist von H. Rösch (2011, 54, 55) konzipiert und hier in etwas vereinfachter Form abgedruckt.

Diagnosebogen für Schülertexte

Schüler: ______________________________

Kursleiter: ______________________________

Wortebene	absolut (alle Wörter)/einmalig (mehrfach verwendete Wörter zählen nur einmal)
Verben (semantisch korrekt)	
… davon im Präsens	
… davon im Präteritum	
… davon im Perfekt	
… davon im Futur	
… Passiv	
… Konjunktiv	
Nomen (semantisch korrekt)	
… davon mit best. oder unbest. Artikel	
… davon mit Pronomen	
… davon mit Nullartikel	
Adjektive	
… davon gesteigert	
… davon attributiver Gebrauch	
Adverbien	
Präpositionen	
Konjunktionen	
Pronomen	

Diagnostik

Satzebene	a) wird verwendet	b) normgerecht
Aussagesätze		
… davon mit Inversion		
Nebensätze		
Verbklammer		
Nominalgruppe		
Begleiter (+ Adjektiv) + Nomen		
… davon im Nominativ		
… davon im Akkusativ		
… davon im Dativ		
… davon im Genitiv		
Präpositionalphrase		
Präp. + Begleiter + (Adjektiv) + Nomen		
… davon im Akkusativ		
… davon im Dativ		
… davon im Genitiv		

Textebene	
Gliederungssignale (z. B. zu Beginn, plötzlich)	
Textverknüpfungen	
Registerwahl	

Diagnostik

Testverfahren C-Test

Der **C-Test** wurde bereits seit den 1980er-Jahren als globales Instrument eingesetzt, um **allgemeine sprachliche Kompetenzen** zu untersuchen. Dieser Test wurde und wird von einigen Lehrern mit großen Erwartungen eingesetzt. Der C-Test ist **ein Testverfahren**. Die Leistungen der Schüler sollen in der Relation zueinander beurteilt werden:

- Aus Schulbüchern werden Texte ausgewählt, die geeignet sind, ein bestimmtes sprachliches Phänomen zu ermitteln.
- In diesen kurzen Texten werden einzelne Wörter nach einem bestimmten Muster „beschädigt": Bei jedem zweiten Wort wird die Hälfte dieses Wortes gelöscht.
- Die Probanden haben dann die Aufgabe, die Wörter zu vervollständigen.

Die **Auswertung** kann auf zweierlei Art und Weise durchgeführt werden. Entweder gibt es für jedes vollständig richtige Wort (Worterkennung, Morphologie, Orthografie) einen Punkt oder aber es wird nur die Worterkennung bepunktet, sodass hier Fehler noch enthalten sein können.

BEISPIEL

Der folgende Text dient zur Überprüfung des Fachwortschatzes.

Das Gebiss des Wolfes

Das Gebiss des Wolfes ist besonders gut zum Fleischfressen geeignet. Die dolchartigen ______kzähne dienen zum ______sthalten und Töten der ______te. Die meisten ______kenzähne sind ______itz und haben ______rfe Kanten. Zum ______leinern großer ______schstücke oder zum ______cken von ______chen sind die ______ißzähne im ______erkiefer und ______terlkiefer bestens ______gebildet. Mit den ______teren Backenzähnen kann der ______lf ______nzenkost zerquetschen. Mit den ______eidezähnen gelingt es den Tieren, auch das letzte Stückchen Fleisch von einem Knochen zu ______aben.
Tiere, bei denen die Zähne so beschaffen sind, bezeichnet man auch als ______ubtiere. Das Fleischfressergebiss wird auch Raubtiergebiss genannt.

(Baur, Rupprecht & Spettmann, Melanie (2009). Der C-Test als Instrument der Sprachdiagnose und Sprachförderung. In: Drorit Lengyel, Hans H. Reich, Hans-Joachim Roth & Marion Döll (Hrsg.): Von der Sprachdiagnose zur Sprachförderung. FörMig Edition Bd. 5. Münster: Waxmann, S. 17.)

Diagnostik

Die Durchführung, Auswertung und Interpretation des Tests sind somit eindeutig festgelegt.
Die Leistungen der Schüler können in Bezug zu seiner Altersgruppe bzw. Lerngruppe eingeordnet und bewertet werden.

TIPPS

- Einigen Sie sich in Ihrer Schule, welches Diagnoseverfahren Sie einsetzen. Bedenken Sie, dass die Beobachtungskompetenzen der Lehrer die wichtigste Säule darstellen sollte.
- Analysieren Sie für jede Unterrichtsreihe die sprachlichen Anforderungen des Themas und die sprachlichen Kenntnisse der Schüler. Bringen Sie beides in Übereinstimmung, wenn Sie mit der Reihe beginnen.

METHODEN DER SPRACHFÖRDERUNG

Sprechen und Zuhören

Der **Lehrer ist Sprachvorbild** und zwar in mehrfacher Hinsicht:

- Es wichtig, bei den eigenen Äußerungen auf Verständlichkeit zu achten, also mit dem Medium Sprache bewusst umzugehen.
- Unterrichtsgespräche müssen durch den bewussten Einsatz geeigneter Strategien strukturiert und vorbereitet werden.
- Den Schülern muss ein positives Feedback gegeben werden, um fehlerhafte Äußerungen zu korrigieren.

LEHRERSPRACHE

Ob die **Lehrersprache verständlich** ist, hängt immer von der Unterrichtssituation und der Lerngruppe ab.
Ob die Schüler den Lehrer sprachlich verstehen, hängt davon ab, welches sprachliche Vorwissen und Können seitens der Schüler vorhanden ist.

TIPPS

- ✦ Nutzen Sie jede Möglichkeit zum Sprechen und zum Versprachlichen. Setzen Sie dabei die Merkmale der mündlichen Kommunikation wie Mimik, Gestik, Klang, Rhythmus und Sprachmelodie bewusst ein.
- ✦ Verwenden Sie präzise Formulierungen und sich wiederholende Satzmuster, damit diese sich einschleifen.
- ✦ Formulieren Sie nicht zu umständlich: Vermeiden Sie Schachtelsätze, Nominalisierungen und Partizipialkonstruktionen.
- ✦ Sprechen Sie die Schüler immer direkt an und regen Sie sie mit Fragen zum Mitdenken an.
- ✦ Erklären Sie Fachbegriffe möglichst anschaulich.

Allgemein gilt, dass die sprachlichen Formulierungen des Lehrers nicht so stark vereinfacht werden dürfen, dass sie für die Schüler keine Herausforderung mehr darstellen.
Wiederholungen, alternative Formulierungen und Worterklärungen sollten daher so gewählt werden, dass die Lehrersprache verständlich ist und gleichzeitig ein **Lernzuwachs** möglich ist.

Sprechen und Zuhören

UNTERRICHTSGESPRÄCHE

Die **Anleitung zu einer guten Gesprächsführung** und einer Kultur des Nachfragens stellt eine wichtige Steuerung der Lernprozesse in einem sprachsensiblen Unterricht dar.
Unterrichtsgespräche müssen **sprachlich strukturiert** werden. Unstrukturierte Unterrichtsgespräche liefern in der Regel keinen Beitrag zur Sprachförderung, da diese in der Regel mit den sprachlichen Registern der Umgangssprache (BICS) geführt werden (vgl. Abschnitt „Welche Sprachen werden in der Schule gesprochen?", S. 13–15). Diese sprachlichen Register beherrschen die Schüler in der Regel. Der oftmals gehörte Ratschlag, die Schüler erst einmal viel sprechen zu lassen, ist somit nicht zielführend. Im sprachsensiblen Unterricht sind die ersten umgangsprachlichen Äußerungen zu einem Thema lediglich der Ausgangspunkt, um durch angeleitete Instruktionen die **mündlichen Interaktionen** auf ein **höheres Niveau** zu heben (vgl. Abschnitt „Scaffolding", S. 112–116).

Mündliche Interaktionen müssen im Folgenden immer mehr durch die **Merkmale der Schriftsprache**, der konzeptionellen Schriftlichkeit, gekennzeichnet sein. Um diese Kompetenz zu erwerben, sollten die Schüler viele Möglichkeiten erhalten, kontextreduziert oder kontextunabhängig zu sprechen.

BEISPIEL

Schüler planen Versuche und führen diese durch.
Wenn der Versuch beschrieben wird und die notwendigen Materialien für Sprecher und Zuhörer sichtbar sind, ist die Kommunikation kontextgestützt. Zeigen und Verweisen, Mimik und Gestik entlasten die Situation.
Wenn die Materialien nicht vorhanden sind, muss die Erklärung allein durch sprachliche Mittel, also kontextunabhängig, erfolgen.

TIPPS

Entlasten Sie das Sprechen der Schüler durch …
- Murmelrunden (die Schüler haben Gelegenheit, ihr Vorwissen in einer kleinen Gruppe leise auszutauschen).
- zur Verfügung gestellte Satzmuster und Wortlisten.
- Visualisierung komplexer Sachverhalte.
- deutliche Gliederungspunkte.
- das Sammeln von Stichpunkten und Notizen zu dem aktuellen Unterrichtsthema.

Sprechen und Zuhören

Der Lehrer sollte zur Strukturierung mündlicher Unterrichtssituationen ein **Repertoire an Satzmustern** verwenden, das oft wiederholt wird und sich somit einschleifen kann.

Formulierungen, die regelmäßig verwendet werden können:

- Wir sammeln zunächst einmal alle Vorschläge/Meinungen/Beiträge ...
- Was sagen die anderen dazu?
- Ich wiederhole eure Beispiele/Fragen/Überlegungen/Ideen.
- Ihr habt/Du hast zwei Argumente/Ideen/Vorschläge genannt.
- Erstens ..., zweitens ...
- Ich wiederhole noch einmal die Idee/den Vorschlag/das Argument von ...
- Ich vermute, dass du ... gemeint hast. Ich formuliere deinen Vorschlag/deine Idee/dein Argument um ...
- Habe ich dich richtig verstanden?
- Wir vergleichen den Beitrag von ... mit dem von ... In welchen Punkten stimmen ... überein, in welchen Punkten haben die beiden verschiedene Ideen/Vorstellungen ...? Erklärt bitte zunächst, in welchen Punkten beide übereinstimmen. Im zweiten Schritt erklärt ihr dann die Unterschiede.
- Erkläre ... bitte noch einmal. Benutze aber bitte unser Satzmuster .../den richtigen Fachbegriff.

Es ist sinnvoll, mit der Klasse Satzmuster einzuüben, die das **Nachfragen** sprachlich strukturieren.

BEISPIELE

Formulierungen für Nachfragen könnten sein:

- Ich verstehe nicht, was ... gesagt hat.
- Ich habe dich/euch so verstanden, dass ... Habe ich dich/euch richtig verstanden?
- Ich bin unsicher, ob ich dich/euch/die Sache richtig verstanden habe. Kannst du/Könnt ihr mir das noch einmal mit anderen Worten erklären?
- Ich weiß nicht, was ... bedeutet.

Sprechen und Zuhören

MÜNDLICHE KORREKTUREN

Wichtig ist es, dass eine **Kultur des Korrigierens** auch in der mündlichen Sprache positiv gesehen und zur Selbstverständlichkeit wird.

TIPP

- Wiederholen Sie die fehlerhaften Äußerungen richtig, sprechen Sie dabei verlangsamt.
- Reichern Sie die fehlerhafte Äußerung mit zusätzlichen Informationen an, sodass der Schüler seinen Fehler erkennen und korrigieren kann.
- Stellen Sie eine Verständnisfrage.

BEISPIELE

Diese Formulierungen können Sie für Korrekturen anwenden:

- Du hast jetzt sehr schnell gesprochen. Wiederhole deinen Satz noch einmal etwas langsamer.
- Du hast sehr undeutlich gesprochen. Wiederhole deinen Satz noch einmal und betone alle Endungen.
- Was du gesagt hast, ist gedanklich richtig. Sprachlich aber …

Lesestrategien

Es gibt grundsätzlich keine leichten oder schweren Texte.
Es gibt aber **Texte, die den Leser überfordern**, weil entweder kein oder ein **zu geringes Fachwissen** zum Thema vorhanden ist oder weil der Text selber zahlreiche **sprachliche Stolpersteine** enthält, die der Leser nicht überwinden kann.

> Verstehen kann nur dann entstehen, wenn bereits Gewusstes (und zwar inhaltlich und sprachlich) zu den bereits aufgenommenen Informationen in Verbindung gesetzt werden kann.
>
> *(Benholz, Iordanidou, 2004. S.21)*

Möglichkeiten der Leseförderung im Unterricht

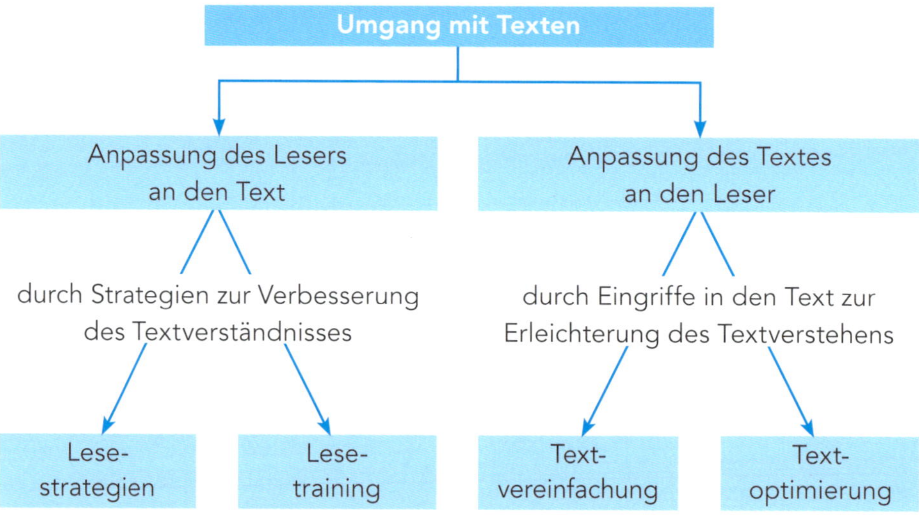

(Informationen nach: Leisen 2009, S. 9)

Das Schaubild stellt **eine offensive und eine defensive Strategie** dar.
Die defensive Strategie **Textvereinfachung** durch Textentlastung (vgl. Abschnitt „Textentlastung", S. 97–103), Textoptimierung (Erklärungen am Rand, Bilder oder Zwischenüberschriften werden eingefügt) oder den Einsatz alternativer Texte sollte dann gewählt werden, wenn der Text weit über dem sprachlichen Vorwissen der Schüler einzuordnen ist.

Lesestrategien

Grundsätzlich muss es aber das Ziel sein, Lesekompetenzen so zu fördern, dass die Schüler **Texte selbstständig erschließen** können (offensive Strategie). Für die unterrichtliche Planung bedeutet das, dass Sie zwischen den textspezifischen Merkmalen und dem inhaltlichen und sprachlichen Vorwissen ihrer Schüler Übereinstimmung herstellen müssen. Lesestrategien müssen daher als Methodenkompetenz eingeübt werden, sodass Schüler die Chance haben, Texte immer selbstständiger „zu knacken". Benholz (2004), Leisen (2009, 2010) und Ehlers (2004) haben dazu ein **Methodenrepertoire** zusammengestellt, das im Folgenden vorgestellt und ergänzt wird.

VORWISSEN ZUSAMMENTRAGEN, AKTIVIEREN, STRUKTURIEREN

Das **Vorwissen zu aktivieren**, sollte Bestandteil jeder Unterrichtseinheit sein. Es bedeutet gleichzeitig **Wiederholung des Gelernten**.

UNBEKANNTE WÖRTER NACHSCHLAGEN

Sie müssen jedem Schüler Zeit und Gelegenheit geben, unbekannte Wörter nachzuschlagen. **Wörterbücher und Lexika** (ggf. im Internet) müssen bereitstehen. Diese Lesestrategie fordert eine systematische Anleitung seitens des Lehrers und ist eine wichtige Methode zur individuellen Förderung.

NICHT VERSTANDENE WÖRTER MARKIEREN

Diese Methode sollte sehr früh eingeübt werden und als **Standardmethode für jeden neuen Text** genutzt werden. Wichtig ist, dass der Lehrer den Schülern dafür Zeit gibt.

VERSTANDENE WÖRTER MARKIEREN

Ist ein neuer Text sehr schwierig zu verstehen, gibt es auch die „gegenteilige" Möglichkeit, sich dem Text zu nähern: Lassen Sie zunächst einmal **verstandene Wörter markieren**.

Lesestrategien

SCHLÜSSELWÖRTER SUCHEN

Diese Strategie wird im Unterricht relativ häufig angewendet. Sie sollte jedoch mit Bedacht gewählt werden, denn sie setzt eigentlich ein gutes Textverständnis voraus. Erst wenn der Text richtig verstanden ist, können die Schüler **Schlüsselwörter** richtig **markieren**.

GRAMMATISCHE EIGENSCHAFTEN NEUER WÖRTER KLÄREN

Viele Texte enthalten grammatische Konstruktionen, die zu **Verständnisschwierigkeiten** führen können. (Damit gemeint sind z. B. trennbare Verben, Zeitformen der Verben, Pluralformen, Kasusendungen, Flexionsformen). Erklären Sie daher diese Phänomene schon im Vorfeld.
Im Folgenden sehen Sie einen **Textausschnitt aus einem Geschichtsbuch für das 5. Schuljahr**. Der Text enthält mehrere trennbare Verben, die im Präteritum stehen.

Die **trennbaren Verben** sollten sowohl mit der Form im Präteritum als auch im Präsens **tabellarisch erfasst** werden. Anschließend können Sie je nach Leistungsstand der Schüler Sprachübungen entwickeln.

BEISPIEL

Die Jungsteinzeit
Feldbauern und Tierhalter ...
Bald reichte das furchtbare Land nicht mehr aus. So machten sich ganze Gruppen auf die Suche nach neuem Land. Etwa um 5500 v. Chr. ließen sich die ersten Feldbauern und Tierhalter nieder.

(Quelle: entdecken und verstehen, Cornelsen 2011, S. 39)

trennbares Verb im Präteritum	**Verb im Präsens**
Bald reichte ... nicht mehr aus.	ausreichen
Etwa um 5500 v. Chr. ließen sich ... nieder.	sich niederlassen

Lesestrategien

FRAGEN ZUM TEXT STELLEN, FRAGEN BEANTWORTEN

Die **Textarbeit mit vorstrukturierten Fragen** ist oftmals eine gute Orientierungshilfe. Hier wird besonders der Zusammenhang zwischen dem Lesen und dem Schreiben eigener Texte deutlich. Vorstrukturierte Fragen helfen, später eigene Texte zu schreiben.
Es gibt keine allgemeingültige Vorgabe bezüglich der Anzahl und des Abstraktionsniveaus der Fragen. Diese müssen dem Leistungsstand der Schüler individuell angepasst werden.

BEISPIEL

Der folgende Text mit den zugehörigen Fragen gehört zum Chemieunterricht.

Text	Fragen zum Text
Ozon kann schädlich sein Ozonmoleküle sind sehr instabil. Sie zerfallen leicht und reagieren auch mit sehr vielen Stoffen.	Warum ist Ozon ein aggressives Gas?
Ozon ist also ein aggressives Gas, das auch als Desinfektionsmittel verwendet wird. Es greift die Krankheitserreger an und tötet sie ab.	Warum wird Ozon auch als Desinfektionsmittel verwendet?
Auch für uns ist Ozon gefährlich. Es schadet den Atemwegen und Schleimhäuten. Einatmen von Luft mit erhöhtem Ozongehalt kann zu Augenbrennen und Augentränen, erschwerter Atmung, Husten, Kopfschmerzen, Konzentrationsschwäche oder Abnahme der Leistungsfähigkeit führen.	Warum ist Ozon für Menschen gefährlich?
In den Sommermonaten wird bei ruhigem, sonnigem Wetter manchmal eine Ozonwarnung ausgegeben. Dann kann nämlich aus Luftverunreinigung in den bodennahen Luftschichten Ozon entstehen.	Warum wird häufig in den Sommermonaten eine Ozonwarnung ausgegeben?

Lesestrategien

An solchen Tagen sollte man körperliche Anstrengungen im Freien vermeiden. Größere Ozonmengen sind auch für Pflanzen schädlich und gelten als eine der Ursachen der weit verbreiteten Waldschäden.	Wie sollten sich Menschen bei einer Ozonwarnung verhalten? Welche Schäden können größere Ozonmengen bei Pflanzen verursachen?

(Quelle: Chemie Interaktiv, 1. Differenzierte Ausgabe NRW. Cornelsen, 2011. S. 106)

TEXT IN EINE ANDERE DARSTELLUNGSFORM ÜBERTRAGEN

Diese Lesestrategie ist sehr effizient und kann oft eingesetzt werden. Die Schüler müssen sich dabei **eigenständig mit dem Text auseinandersetzen** und diesen **neu konstruieren**. Besonders bei diskontinuierlichen Texten, die Skizzen, Diagramme, Tabellen und Bilder etc. enthalten, ist diese Strategie sinnvoll.

TEXTE STRUKTURIEREN

Diese Strategie sollte zum festen Methodenrepertoire gehören: Die Schüler teilen **Texte in Sinnabschnitte** ein oder **analysieren die Textstruktur** anhand von unterschiedlichen Kategorien. Notizen am Textrand erleichtern das Textverständnis und die Kategorisierung des Inhalts.

TEXTE EXPANDIEREN

Fachtexte sind sprachlich oft sehr verdichtet, sodass es Schülern schwerfällt, diese Texte zu bearbeiten, vorzutragen oder zusammenzufassen. Expandieren Sie den Text, d. h. **reichern Sie ihn mit zusätzlichen Informationen an bzw. erweitern ihn mit Beispielen oder anderen Erklärungen**. Dadurch findet eine intensive Auseinandersetzung mit dem Text statt, dessen Wiedergabe oder Bearbeitung wird erleichtert.

Lesestrategien

Die **Expansion** des Textes kann **mündlich oder schriftlich**, je nach Leistungsstand, von den Schülern selbstständig als Einzel- oder Gruppenarbeit oder aber mit Textvorgaben durch den Lehrer erarbeitet werden.

In **Mathematikbüchern** finden sich z. B. viele **„verdichtete" Texte**. Oft scheitern Schüler, die Aufgabenstellung zu bearbeiten. Nicht, weil sie die mathematischen Fähigkeiten nicht besitzen, sondern weil sie die Aufgabenstellung nicht verstehen.

BEISPIEL

Die Summe zweier einstelliger Zahlen ist zweistellig.
Was für eine Zehnerziffer hat das Ergebnis?

(Quelle: Fokus Mathematik Kl. 5, Hessen. Cornelsen, 2011, S. 118)

Expandierter Text:

- Ich muss zuerst zwei einstellige Zahlen addieren und das Ergebnis notieren.
- Ich überlege dann, welches größtmögliche Ergebnis ich erhalten kann.
- Da 9 die größte einstellige Zahl ist, erhalte ich als Ergebnis 18.
- 18 hat als Zehnerziffer die 1.
- Da kein größeres Ergebnis erreicht werden kann, ist die Zehnerziffer immer 1.
- 10, 11, 12, 13, 14, 15, 16, 17, 18 und 19 sind ebenfalls Ergebniszahlen. Sie alle haben die Zehnerziffer 1.
- Das Ergebnis hat die Zehnerziffer 1.

Lesestrategien

AUS BILDERN/ZEICHNUNGEN INFORMATIONEN ENTNEHMEN ODER BILDER/ZEICHNUNGEN BESCHRIFTEN

Bei diesem Verfahren ist es hilfreich, den **Schülern Gerüste zur Verfügung zu stellen** (vgl. Abschnitt „Scaffolding", S. 112–116), damit Eindrücke und Gedanken präzisiert und strukturiert werden können.
Satzbauhilfen, die fortlaufend ergänzt, aktualisiert und eventuell in der Klasse aufgehängt werden, sind eine gute Hilfe.
Diese sprachlichen Gerüste fördern die prozessbezogenen Kompetenzen.

BEISPIELE

Satzmuster für Beschreibungen:

- Auf dem Bild sehe ich ..., gibt es ..., sind ...
- Im Vordergrund, im Hintergrund, oben, unten, rechts, links ... sehe ich ..., gibt es ...
- Die Tabelle zeigt ..., bezieht sich auf ..., sagt etwas über ... aus
- Aus der Tabelle geht hervor, dass ...

Satzmuster, um Vermutungen oder Hypothesen zu äußern:

- Ich vermute/denke, dass ...
- Vielleicht ...
- Es könnte sein, dass ...
- Das erinnert mich an ...
- Das könnte ... bedeuten.

Lesestrategien

SCHWIERIGE SYNTAKTISCHE KONSTRUKTIONEN AUFLÖSEN

Sachtexte weisen oftmals **Passivkonstruktionen**, **Ausdrücke der Unpersönlichkeit und komplizierte Nebensatzkonstruktionen** auf (vgl. Abschnitt „die sprachlichen Besonderheiten der Fachsprachen, S. 39–42).
Passivkonstruktionen und Ausdrücke der Unpersönlichkeit (man, es) bereiten nicht nur mehrsprachigen Schülern Schwierigkeiten. Die Passivbildung wird erst während des Grundschulalters erworben (vgl. Becker 2006). Übungen zur Passivbildung müssen daher am Ende der Grundschulzeit beginnen und bis zum Ende der Sekundarstufe I systematisch weitergeführt werden.
Mit solchen Texten kann man wie im Folgenden beschrieben umgehen.

BEISPIEL

Druckluft gegen Eis

In manchen Wintern sind Gewässer lange zugefroren. Das Eis kann dann z. B. an Schleusentoren Schäden anrichten. Deshalb hält man die Umgebung der Tore oft eisfrei. Dazu wird Druckluft eingesetzt.
Vor dem Schleusentor sind auf dem Boden des Sees Schläuche mit kleinen Löchern verlegt. Wenn der Winter kommt und der Frost beginnt, pumpt man Druckluft in die Schläuche …

(Quelle: Natur und Technik – Physik. Differenzierende Ausgabe Niedersachsen, 7./8. Schuljahr, 2011, S. 87)

Folgende Übungen bieten sich an:

➜ Prädikat unterstreichen
- hält man …
- wird … eingesetzt
- sind … verlegt
- pumpt man …

➜ Passivsätze in Aktivsätze umformen
- Wer hält die Umgebung der Tore eisfrei? – Die Schleusenarbeiter halten …
- Wer setzt Druckluft ein? – Die Arbeiter setzen Druckluft ein.
- Was liegt auf dem Boden des Sees? – Schläuche liegen …
- Wer hat Schläuche auf den Boden des Sees verlegt? – Die Arbeiter …
- Wer pumpt Druckluft in die Schläuche? – Die Arbeiter …

Lesestrategien

BEZÜGE UND VERWEISE IM TEXT KLÄREN

Mehrsprachige Schüler können häufig **Pronomen und Artikelwörter nicht zuordnen**, da sie die Artikel der Bezugswörter nicht richtig beherrschen. Ebenso kann die richtige **Zuordnung der Satzadverbien** (als, doch) auf die entsprechende Aussage nicht als gesichert vorausgesetzt werden. Die folgenden Übungen sind in Anlehnung an die Vorschläge von Benholz/Iordanidou (2004) entwickelt worden.

BEISPIEL

Nomen/Pronomen markieren:

- Welche Wörter im Text beschreiben das kleine Mädchen? Markiere diese Wörter!
- Welche Wörter im Text beschreiben den Mann? Unterstreiche diese Wörter!

Trage in die rechten Spalten ein, wer oder was mit den unterstrichenen Wörtern gemeint ist!
Beispiele: es ➜ das kleine Mädchen

	das Mädchen	der Mann
Es war einmal ein kleines Mädchen,	ein kleines Mädchen	
das hatte keinen Vater, keine Mutter,	das	
keine Geschwister und auch kein		
Haus und kein Bett, in dem es schla-		
fen konnte. Das Kind besaß nichts	das Kind	
als die Kleider, die es trug, und ein	es	
Stückchen Brot, das ihm eine Frau	ihm	
geschenkt hatte. Mutter seelen-		
allein lief es in den Wald hinein.		
Da kam ihm ein Mann entgegen,	ihm	ein Mann, der
der sagte: „Ich habe großen Hunger,		ich
hast du etwas zu essen für mich?"	du	
Das Mädchen überlegte nicht lange	das Mädchen	
und gab dem Mann sein Stückchen	sein	dem Mann
Brot.		

(Quelle: Bünting, 2009, S. 54)

ANWENDUNG MEHRERER STRATEGIEN

Häufig reicht es nicht aus, nur eine Lesestrategie anzuwenden. Am folgenden Text wird verdeutlicht, dass **mehrere Übungsformen kombiniert werden** müssen, um ein ausreichendes Textverständnis zu ermöglichen.

BEISPIEL

Aus der Tiefe der Erde

Der Wind kann die vom Vulkan ausgestoßene Asche tausende Kilometer weit verwehen. Dabei wird der Himmel auch am Tag ganz dunkel. Nur noch wenige oder gar keine Sonnenstrahlen gelangen dann bis auf die Erde. Es kann sehr lange dauern, bis die Vulkanpartikel, die durch die Luft wirbeln, auf den Boden nieder gerieselt sind.

(Quelle: Horst Bayrhuber (Hrsg.): Unsere Erde. © 2006 Kallmeyer, in Verbindung mit Klett/ Friedrich Verlag GmbH, Seelze, S. 19)

Dieser nicht sehr lange Text ist sprachlich aus verschiedenen Gründen (Passivkonstruktion, komplizierte Verbstellung usw.) schwierig.
Folgende **Lesestrategien** sind daher **empfehlenswert**:

- Vorwissen aktivieren
- Wortschatzübungen (Vulkan, Vulkanpartikel, auf die Erde gelangen, verwehen, wirbeln, nieder rieseln)
- grammatische Eigenschaften neuer Wörter klären (ausgestoßene Asche, tausende Kilometer)
- Bezüge und Verweise im Text klären (Dabei …, Nur noch wenige … gelangen dann …, Es kann …)
- schwierige syntaktische Konstruktionen auflösen. Der letzte Satz ist sehr verschachtelt. Für das Textverständnis ist es einfacher, daraus zwei Sätze zu machen. (Die Vulkanpartikel sind meistens sehr lange in der Luft. Sie werden in der Luft hin- und hergewirbelt und fallen dann auf den Erdboden.)

Lesestrategien

DIE FÜNF-SCHRITT- LESEMETHODE

Die Fünf-Schritt-Lesemethode schult die Fähigkeit, Texte zu verstehen. Bereits beschriebene Lesetechniken werden dabei angewendet. Besonders mit der Technik des Markierens sollten die Schüler vertraut sein.

- **1. Schritt:** Grobe Orientierung – Überfliegen des Textes
- **2. Schritt:** Grobes Verstehen – Welche Fragen beantwortet der Text?
- **3. Schritt:** Lesen der einzelnen Abschnitte
- **4. Schritt:** Zusammenfassen der einzelnen Abschnitte
- **5. Schritt:** Wiederholung/Zusammenfassung

Das folgende **Informationsblatt** über die Methode sollte den Schülern als Strukturierungshilfe ständig zur Verfügung stehen.

Diese Methode lässt sich mit jedem Lehrbuchtext durchführen. Die Einübung und Anwendung benötigt Zeit. Zeit, die Sie sich als Lehrer nehmen sollten. Denn nicht nur das sinnerfassende Lesen wird geübt, sondern auch die Fähigkeit, über das Gelesene zu referieren, also einen Vortrag zu halten, wird durch diese Methode vorbereitet und geschult.

Lesestrategien

Die Fünf-Schritt-Lesemethode

1. Schritt: Überfliegen • Du liest die Überschrift. • Du liest die Überschriften der einzelnen Abschnitte. • Du schaust dir besonders hervorgehobene Wörter an. • Du schaust dir die Bilder, Skizzen, Tabellen an. • Du achtest auf Besonderheiten.	
2. Schritt: Welche Fragen beantwortet der Text? • Notiere Stichpunkte auf einen Zettel. • Kreise alle Textstellen ein, die du schon verstanden hast.	
3. Schritt: Lesen • Lies den Text Abschnitt für Abschnitt. • Markiere Schlüsselbegriffe mit Textmarker und andere wichtige Informationen mit Bleistift.	
4. Schritt: Zusammenfasssen • Du schreibst Gliederungspunkte auf. • Du fasst jeden Abschnitt mit eigenen Worten zusammen.	
5. Schritt: Wiederholen • Wiederhole noch einmal alle deine Gedanken und Informationen. • Du kannst diese mündlich oder schriftlich zusammenfassen.	1 2 3

Die Verbindung von sprachlichem und literarischem Lernen

In den curricularen Vorgaben, die den **Umgang mit literarischen Texten** beschreiben, werden **Kompetenzen** aufgeführt, die sich auf Textverständnis und Texterschließung in Bezug auf Inhalt, Handlungen, Personen und Handlungszusammenhänge in Texten beziehen.
Alle diese Kompetenzen **setzen sprachliches Können voraus**. Das gilt ebenso für die sogenannten text- und produktionsorientierten Verfahren.

Alle diese unterrichtlichen Arrangements müssen in mehrsprachigen Lerngruppen sprachfördernd begleitet werden. Nicht nur der literarische Text, sondern auch Methoden der Wortschatzarbeit, Texterschließungsstrategien, Lese- und Schreibhilfen müssen parallel zum literarischen Lernen gefördert werden. Darüber hinaus eignen sich poetische und literarische Texte an sich als Medium des sprachlichen Lernens. Im Folgenden erfahren Sie, wie Sie **literarische Texte als Medium des sprachlichen Lernens** im Unterricht einsetzen können.

EINSATZ MEHRSPRACHIGER TEXTE

Der Einsatz mehrsprachiger Texte bzw. Bücher lohnt sich, um eine Kultur der Mehrsprachigkeit zu fördern. Es gibt mittlerweile zahlreiche **interlinguale Werke und Veröffentlichungen mehrsprachiger Texte** (z. B. Gino Chiellino, Werner Wintersteiner). Bezugsquellen finden Sie in der Literaturliste.

TIPPS

- Besonders gut eignen sich zweisprachige Gedichte für den Einsatz im Deutschunterricht, wie z.B. „e paroe" von Gino Chiellino.
- Weitere Anregungen für die Berücksichtigung zweisprachiger Texte im Deutschunterricht finden sie im Praxis Deutsch Heft Nr. 157: „Sprachen in der Klasse", insbesondere in dem Beitrag von Sabine Häcker: „Gedichte in zwei Sprachen".

Die Verbindung von sprachlichem und literarischem Lernen

DIE GENERATIVE TEXTPRODUKTION

Sprachliches Lernen ist immer dann besonders effektiv, wenn **Wortschatz und Grammatik** nicht isoliert, sondern **im Kontext einer Handlung gelernt wird**. Die generative Textproduktion ermöglicht solch ein integriertes sprachliches Lernen. Es ist eine Methode, die zum Standardrepertoire in mehrsprachigen Lerngruppen gehören sollte.
Satz- und/oder Textstrukturen poetischer oder literarischer Sprache werden als **Grundlage für sprachliches Lernen und Handeln** genutzt. Die vorgegebenen sprachlichen Muster sollten sich immer durch eine hohe Komplexität und Orientierung an der konzeptionellen Schriftlichkeit auszeichnen.

Die generative Textproduktion ermöglicht ein **integriertes sprachliches Lernen** sogar in **doppelter Hinsicht**: Die Methode bietet ein hohes Maß an **Differenzierung**, sodass die Lernbedürfnisse aller Schüler (Muttersprachler und Schüler anderer Herkunftssprachen) berücksichtigt werden können. Ebenso werden **alle Lernbereiche des Deutschunterrichts** (Sprechen, Lesen, Schreiben, Grammatik, Reflexion über Sprache) gleichermaßen angesprochen und miteinander vernetzt.

Mit der generativen Textproduktion werden grammatische Strukturen nicht formal, sondern in einem zusammenhängenden inhaltlichen Kontext gelernt. Sprachstrukturen schleifen sich durch Wiederholungen ein. Belke (2007) hat dazu eine umfangreiche Textsammlung vorgelegt.

Wie funktioniert nun die generative Textproduktion? Der **Originaltext** wird zunächst **wiederholt gesprochen** und, wenn möglich, **auswendig gelernt**. Komplizierte Satzmuster und Sprachstrukturen schleifen sich durch die Wiederholungen ein. Auch Chorsprechen ist möglich, sodass sehr spracharme Kinder oder Seiteneinsteiger die Möglichkeit haben, mitzuarbeiten. Für ältere Schüler eignen sich besonders Raptexte.

Im Folgenden lesen Sie ein **Beispiel von einem Schüler**, der aufgrund seiner Biografie bisher kaum Gelegenheiten hatte, bildungssprachliche Kompetenzen der deutschen Sprache zu erwerben. Er hat den Text in der Klasse 8 im Förderunterricht für Seiteneinsteiger an einem Gymnasium geschrieben. Der Schüler ist in Deutschland geboren, hat bis zur 7. Klasse griechische Schulen (Grundschule, dann Gymnasium) besucht. Das Gymnasium wurde geschlossen und er musste auf eine deutsche Schule wechseln. In der Familie wird Deutsch und Griechisch gesprochen.

Die Verbindung von sprachlichem und literarischem Lernen

BEISPIEL

Originaltext:

M. Auer: Zauberkatze

Meine Katze ist verzaubert,
dass weiss ich ganz genau.
In Wirklichkeit ist sie eine Zauberfrau.
Wenn ich wollte,
könnte sie durch den Schornstein gelietn
und als Hexe auf einem Besen reiten!
Und sie könnte noch ganz andere Sachen,
wenn sie Wollte!
Doch das fällt ihr gar nicht ein.
Warum?
Sie will meine Katze sein!

(Quelle: Martin Auer: „Zauberkatze". Aus: Martin Auer: Was niemand wissen kann.
© 1986 Beltz & Gelberg in der Verlagsgruppe Beltz, Weinheim/Basel)

Zauberschloss

Mein Zauberschloss ist verzaubert,
das weiss ich ganz genau.
In Wirklichkeit ist es ein Haus.
Wenn ich wollte,
könnte ich durch dunkle Gänge gehen
und als König das Land regieren!
Und ich könnte noch andere Sachen.
Wenn ich wollte!
Doch das fällt mir nicht ein.
Warum?
Ich wollte ein Schloss für mich allein!

Die Verbindung von sprachlichem und literarischem Lernen

Die **vorgegebenen Satz- oder Textstrukturen** sind das **sprachliche Gerüst**, das dann mit eigenen Inhalten gefüllt werden muss. Das ist ein sehr kreativer, spielerischer Umgang mit Sprache, der ein hohes Maß an Differenzierung bedeutet. Sprachkompetente Schüler können den Text erweitern. Schüler, die sprachlich noch unsicher sind, generieren wenige vorgegebene Textstellen. Allen gemein ist, dass die eigenen Texte ein hohes Maß an sprachlicher Richtigkeit aufweisen werden.
Durch den **spielerischen Umgang mit Sprache** haben alle Schüler die Gelegenheit, grammatische Regeln und Regelungen, eventuell auch als Kontrast zu ihrer Herkunftssprache, zu entdecken und zu formulieren. So kann **sinnvolle Sprachreflexion** stattfinden.
Die generative Textproduktion ermöglicht auch bei der Anwendung der textproduktiven Verfahren eine **Verbindung von sprachlichem und fachlichem Lernen**.

Zusammenfassend lässt sich sagen, dass durch diese Methode eine **Synchronisation des gesteuerten und des ungesteuerten Spracherwerbs möglich wird**. Besonders gut zum Generieren von Texten eignen sich **poetische und literarische Texte, die Wiederholungsstrukturen aufweisen**.

Das sind insbesondere Texte mit

- wiederkehrenden Satzmustern (Satzgliedern, ganzen Sätzen, Ellipsen),
- Reduplikationen,
- Reimen,
- formelhaften Wendungen,
- Stereotypen.

Als Schreibaufgaben eignen sich insbesondere

- Analogietexte,
- Paralleltexte,
- Kettentexte,
- Echotexte.

Die Verbindung von sprachlichem und literarischem Lernen

Anwendung der generativen Textproduktion mit einem poetischen Text

Ein Brot
Ich hätte gern ein Brot,
ein großes, weiches Brot,
für mich allein,
ganz frisch und noch warm,
mit brauner, knuspriger Kruste,
ein Brot.
Die Zähne beißen zu.
Die Zunge spürt den Geschmack.
Lange, lange will ich kauen,
dann schlucken,
bis ich fühle,
wie es heilt,
wie es besänftigt den gierigen Magen,
das Brot.

(Quelle: Frank Müller: Lesen und kreatives Schreiben, © 2007 Beltz Verlag, Weinheim/Basel)

Dieser poetische Text bietet zahlreiche Möglichkeiten des sprachlichen Lernens:

- Wortschatzerweiterung
- Nominalgruppe
- unbestimmter Artikel
- Adjektiv, Nomen im Akkusativ (ein großes, weiches Brot)
- Akkusativformen (den Geschmack)
- Modalverb „wollen" mit Inversionsstellung (lange will ich …)
- bestimmter/unbestimmter Artikel (ein Brot – das Brot)
- Personalpronomen (es – das Brot)

So könnte ein möglicher Unterrichtsverlauf aussehen:

- Die Schüler lesen den Text und lernen ihn auswendig.
- Es werden wünschenswerte Dinge und deren Eigenschaften gesammelt und tabellarisch erfasst.

Die Verbindung von sprachlichem und literarischem Lernen

Ich hätte gern	
• ein großes, weiches Brot	*mit brauner, knuspriger Kruste.*
• einen großen, lieben Hund	*mit weichem, schwarzem Fell.*
• eine große, hübsche Tasche	*mit bunten, unterschiedlichen Blumen.*
• …	…

- Der zweite Teil des Gedichtes wird nicht mehr in der Ich-Form geschrieben. Auch hier erfassen die Schüler zunächst mögliche Varianten des Originaltextes tabellarisch.

Die Zähne beißen zu. Die Zunge spürt den Geschmack.
Die Hände greifen zu. Die Augen sehen das Fell.
Die Freundin schaut neidisch. Die Blicke sagen alles.

- Möglich wäre es auch, die letzten Zeilen tabellarisch vorzubereiten. Ist der Gebrauch der Personalpronomen (das Brot – es, der Hund – er …) nicht gesichert, bieten sich auch hier Übungen an. Wie umfangreich die Vorbereitung zur eigenen Textproduktion ist, richtet sich nach dem Kenntnisstand der Schüler.
- Der eigene neue Text wird geschrieben.
- Anhand der neuen Texte werden die grammatischen Phänomene analysiert.
- Eine weiterführende Aufgabe besteht darin, das Personalpronomen „ich" durch Pronomen oder Nomen in der dritten Person zu ersetzen (er, sie, mein Freund …)

Im Folgenden finden Sie ein Gedicht, das nach Vorgabe des Originaltextes entstanden ist.

Die Verbindung von sprachlichem und literarischem Lernen

Ein Hund

Ich hätte gern einen Hund,
einen großen, lieben Hund,
für mich allein,
ganz groß und stark,
mit weichem, schwarzem Fell,
einen Hund.
Die Hände greifen zu.
Die Augen sehen das Fell.
Lange, lange will ich ihn streicheln,
dann spazieren gehen,
bis ich fühle,
wie er mein ist,
wie er beschützt mich jeden Tag,
der Hund.

Anwendung der generativen Textproduktion an einem literarischen Text

Kinder- und Jugendbücher bieten ebenfalls zahlreiche Möglichkeiten des sprachlichen Lernens.

BEISPIEL

H.-J. Schädlich: Der Sprachabschneider

Der Wind macht aus der Wolke, was er will: einen Wolkenbaum, einen Wolkenelefanten, eine Wolkenlokomotive, ein Wolkenbett. Paul, der noch müde ist, säße gern auf dem Wolkenelefanten, eine Wolkenlokomotive, ein Wolkenbett.

Paul, der noch müde ist, säße gern auf dem Wolkenelefanten und ritte gemächlich zur Schule. Noch lieber läge er in dem Wolkenbett. Er würde natürlich nicht schlafen. Nur dösen ..."

(Quelle: H.-J. Schädlich: Der Sprachabschneider, Copyright © 1980 Rowohlt Verlag GmbH, Reinbek bei Hamburg)

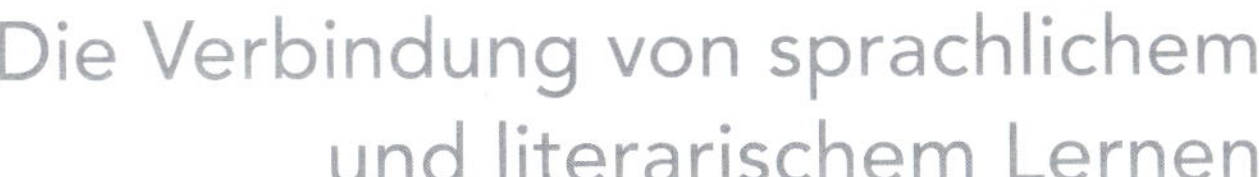

Die Verbindung von sprachlichem und literarischem Lernen

Anhand dieser kleinen Textstelle lassen sich **Wortschatzübungen durchführen** und folgende **sprachliche Phänomene üben**:

- Komposita
- Dativ
- Akkusativ
- Konjunktiv

So könnte ein **möglicher Unterrichtsverlauf** aussehen:

- Die Schüler lesen und sprechen den Text wiederholt und lernen ihn somit auswendig.
- Es werden Fantasiegebilde, die der Wind aus Wolken entstehen lassen kann, tabellarisch erfasst.

Der Wind macht aus der Wolke, was er will:
ein**en** Wolkenpark
ein**e** Wolkenkönigin
ein Wolkenschloss
…

- Die dazugehörigen Wünsche werden ebenfalls tabellarisch erfasst.

Paul säße gern:
auf/in ein**em** Wolkenpark
auf ein**er** Wolkenkönigin
auf ein**em** Wolkenschloss
…

- Der eigene neue Text wird geschrieben.
- Anhand der neuen Texte werden die grammatischen Phänomene analysiert.

Die Verbindung von sprachlichem und literarischem Lernen

BEISPIEL

Ein Text, der nach Vorgabe des Originaltextes entstanden ist.

Der Wind macht aus der Wolke, was er will: ein Wolkentraumland, einen Wolkenpark, ein Wolkenfußballstadion. Paul, der noch müde ist, säße gern in einem Wolkentraumland, einem Wolkenpark, einem Wolkenfußballstadion. Paul, der noch müde ist, läge gern in einem Wolkenpark. Noch lieber säße er aber in einem Wolkenfußballstadion. Er würde natürlich nicht schlafen. Nur seine Mannschaft anfeuern …

Fachtexte schreiben

Texte schreiben zu können, bedeutet, dass die **Schriftsprache** im Wesentlichen **beherrscht werden** muss. Diese Fähigkeit darf bei keinem Schüler vorausgesetzt werden. Und nicht nur spracharme Kinder oder Kinder, deren Muttersprache nicht Deutsch ist, verfügen hier über nicht ausreichende Kenntnisse.
Die **Entwicklung der Schreibkompetenz** muss in allen Fächern, nicht nur im Deutschunterricht, gefördert werden. Hilfreich ist es, wenn hierzu Absprachen im Kollegium getroffen werden. Nur so kann die Verbindung von sprachlichem und fachlichem Lernen koordiniert in allen Fächern erfolgen.
Beim Schreiben von Fachtexten sollten sich Lese- und Schreibübungen gegenseitig stützen (vgl. Abschnitt „Lesestrategien", S. 70–81).

Die Kompetenz **komplizierte (Fach-)Texte richtig zu verfassen**, erwerben Schüler nur, wenn es dem Lehrer gelingt, einen gezielten sprachlichen Input mit einer systematischen Förderung der Schreibstrategien zu verbinden. Neben diesen sprachlichen Übungen muss die Fähigkeit, Texte zu organisieren, d.h. zu planen und zu strukturieren, geübt werden.

Im Fachunterricht müssen Schüler u.a. **in folgenden Zusammenhängen Texte schriftlich verfassen**:

- Fragen beantworten
- Vermutungen formulieren
- Beobachtungen aufschreiben
- Ergebnisse notieren
- Begründungen formulieren
- Teile von Präsentationen verschriftlichen
- Notizzettel (z.B. für einen Redebeitrag) vorbereiten
- Protokolle schreiben
- Berichte schreiben

In den meisten Schulbüchern und anderen Unterrichtsmaterialien werden die sprachlichen Fähigkeiten vorausgesetzt, die vorhanden sein müssen, um diese Aufgaben zu bearbeiten. In einem sprachsensiblen Unterricht muss aber **das sprachliche Lernen** neben dem fachlichen Lernen **gleichermaßen gefördert werden**.

Schreibstrategien müssen als Kompetenz erworben und als Methodenkompetenz weiter eingeübt werden. Sie werden somit selbst Lerngegenstand des Unterrichts.

Fachtexte schreiben

Benholz (2004) und Leisen (2009, 2010) haben dazu ein **Methodenrepertoire** zusammengestellt, das im Folgenden zusammengefasst, ergänzt und an Beispielen erläutert wird. Die folgenden Übungen beschreiben ausschließlich **sprachliche Hilfestellungen**.

WORTLISTEN ALS SCHREIBHILFE NUTZEN

Hierzu stellen Sie den Schülern **alle wichtigen Fachwörter zur Verfügung**. Welchen Umfang diese Listen haben müssen, richtet sich nach dem Kenntnisstand der Lerngruppe.

BEISPIEL

Wörterliste zum Thema Atmung

Nomen	Verben	Adjektive
die Nasenhöhle	atmen	winzig
der Rachenraum	einatmen	feucht
der Kehlkopf	ausatmen	schnell
die Luftröhre	herausfiltern	
die Bronchien	Luft holen	
der Brustraum	austauschen	
das Atmungsorgan, die Atmungsorgane	(Atem) anhalten	
die Atemwege	anfeuchten	
die Lungenbläschen		
das Gas		
die Oberfläche		

Fachtexte schreiben

MITHILFE VON SATZMUSTERN SCHREIBEN

Schriftliche **Präsentationen** oder auch **Berichte mithilfe von Satzmustern vorzubereiten**, ermöglicht eine **Verbindung von fachlichem und sprachlichem Lernen**.
Diese sinnvolle Hilfe ist in Lehrwerken und Unterrichtsmaterial bisher wenig zu finden. Hilfen beziehen sich oftmals nur auf die äußere Form und den Inhalt (Um welches Thema geht es? Fasse den Inhalt knapp zusammen! Wie beurteilst du … etc.), nicht aber auf die notwendigen sprachlichen Mittel.

Vorgegebene Satzmuster **entlasten den Schreibprozess**. Diese können mit den Schülern zusammen erarbeitet oder auch bei wenig geübten Lernern durch den Lehrer vorgegeben werden.

BEISPIEL

Satzmuster aus dem Geschichtsunterricht:

Die Bronzezeit wird in allen Lehrwerken thematisiert.
Häufig wird folgende Aufgabe gestellt: Begründet, warum neue Berufe den Aufbau der damaligen Gesellschaft veränderten.
Mögliche Satzmuster:

In der Bronzezeit …

- gab es viele neue …
- hat sich viel verändert:
- entwickelten die Menschen neue …
- entstanden neue Berufe …
- haben wir Kenntnis von …
- … Diese Neuerungen veränderten …
- … Dadurch veränderte sich …, weil.

MITHILFE VON TEXTBAUSTEINEN SCHREIBEN

Um **komplizierte Sachverhalte fachsprachlich richtig beschreiben** zu können, bedarf es **sprachlicher Vorübungen**. Dieses Vorgehen ist lohnend, da die sprachliche Qualität der Texte deutlich besser werden wird.
Fachbegriffe, meistens Komposita, besondere Verben sowie Konditionalnebensatzstrukturen müssen geübt werden.

Fachtexte schreiben

Dazu sollten Sie **Textbausteine**, z. B. in einer Tabelle, **aufführen**, die den Schreibprozess entlasten und gleichzeitig fördern.
Eine Tabelle mit Textbausteinen können Sie natürlich auch mit den Schülern zusammen entwickeln. Langfristig sollten diese in die Lage versetzt werden, **Textbausteine selbstständig zu entwickeln und zu nutzen**.

BEISPIEL

Naturwissenschaftlicher Lernbereich: Der Wasserkreislauf

Die **Vorüberlegungen** zur Beschreibung des Wasserkreislaufs könnten nun so lauten:

benötigte Fachbegriffe:

- Verdunstung
- Wasserdampf
- Wassertropfen

Fachtexte schreiben

besondere Verben:

- verdunsten
- versickern
- aufsteigen
- kondensieren
- abkühlen
- bilden

Konditionalnebensatzstrukturen:

- Wenn das Wasser/die Wolken/die Wassertröpfchen/der Wasserdampf, … dann …

Textbausteine:

	Fragen	Wörterliste
Frage 1	Wo befindet sich das Wasser? Die Sonne scheint und erwärmt die Erde. Was passiert dann?	in der Erde im Erdboden die Sonnenenergie erwärmen, erwärmt verdunsten, verdunstet
Frage 2	Warum bilden sich Wolken? Woraus bestehen Wolken?	bilden, bildet aufsteigen abkühlen, kühlt … ab kondensieren der Wasserdampf
Frage 3	Wann fängt es an, zu regnen? Wann regnet es?	es regnet … regnen abkühlen, kühlt … ab
Frage 4	Wo entsteht ein Fluss? Wie entsteht ein Fluss?	versickern, versickert wasserundurchlässige Schicht wasserdurchlässige Schicht sammeln, sammelt fließen, fließt aus der Erde treten, tritt aus der Erde

Fachtexte schreiben

FACHBEGRIFFE DEFINIEREN

Fachbegriffe zu definieren, ist sprachlich sehr anspruchsvoll. Bevor die Definition schriftlich verfasst wird, müssen die Schüler Gelegenheit haben, den **Begriff mündlich zu beschreiben**. Die zunächst sicherlich mit umgangssprachlichen Mitteln formulierten Beschreibungen sollten durch strukturierte Hilfen des Lehrers (vgl. Abschnitt „Scaffolding", S. 112–116) sich den fachsprachlichen Definitionen annähern. Erst nach diesen intensiven kommunikativen Unterrichtsgesprächen sollten Schüler die Aufgabe erhalten, **Fachbegriffe schriftlich zu definieren**.

Textentlastung

In einem sprachsensiblen Unterricht achten Sie auf einen **bewussten Umgang mit der Sprache**, damit fachliches Lernen nicht durch (vermeidbare) sprachliche Schwierigkeiten erschwert oder unmöglich gemacht wird.
Unsere Lehrbücher und viele Arbeitsblätter enthalten Texte, die von den Schülern sprachlich nicht bewältigt werden können. Eine Methode, diese Situation zu entschärfen, ist die Methode der Textentlastung.

Zwischen der sprachlichen Struktur des Textes, dem Vorwissen und den sprachlichen Fähigkeiten der Schüler muss der Lehrer eine Passung herstellen. Es reicht nicht, zu prüfen, ob der Text allgemein gesehen (fachlich, didaktisch) einsetzbar ist, sondern diese Überlegungen müssen um die Frage erweitert werden, ob der **Text für die betreffenden Lerner verständlich** ist. Lernaufgaben müssen **fachlich und sprachlich am Kompetenzstand der Lerner orientiert** sein. Nur dann findet individuelle Förderung statt.

Es ist also in vielen Fällen, besonders bei jüngeren und spracharmen Kindern, unerlässlich, **Texte oder Textpassagen sprachlich zu entlasten**. Das bedeutet, dass Sie auf einfachere sprachliche Mittel zurückgreifen, ohne aber auf wesentliche inhaltliche Aussagen zu verzichten.

Allerdings ist dabei zu beachten, dass Textentlastung nur eine Methode ist, um den Schülern ein Textverständnis zu ermöglichen. Daher dürfen **Texte nicht zu stark und vor allen Dingen nicht auf Dauer entlastet** werden. Denn dann würden Ihre Schüler langfristig nicht die Kompetenz erwerben, schwierige Fachtexte zu verstehen. In der Regel ist eine **Kombination aus Textentlastung und sprachlichen Übungen** empfehlenswert.

Die Methode der Textentlastung können Sie bei **besonders schwierigen Textpassagen**, bei **einzelnen Sätzen**, bei **Arbeitsanweisungen** oder auch auf einen **gesamten Text** anwenden. In diesem Fall müssten Sie den Text neu schreiben. Damit dieser Arbeitsaufwand überhaupt zu schaffen ist, empfehle ich Ihnen, mit anderen Kollegen im Team zusammenzuarbeiten (vgl. Abschnitt „Teamarbeit im Kollegium", S. 118/119).

Allgemein lässt es sich nicht sagen, ob ein **Text** für Ihre Schüler **leicht oder schwer zu verstehen** ist. Das hängt von folgenden Faktoren ab:

- Vorwissen des Lesers
- Sprachkompetenz des Lesers
- sprachliche Struktur des Textes

Textentlastung

VORWISSEN AKTIVIEREN

Allgemein gilt: Je geringer das Vorwissen der Schüler bezüglich eines Themas ist, desto schwieriger ist es, einen Text dazu zu verstehen. Deshalb ist es wichtig, das Vorwissen der Schüler zu aktivieren. Benholz/Iordanidou (2004) empfehlen dazu, dass das Vorwissen zusammengetragen, aktiviert, strukturiert und erweitert werden soll, um dieses dann im Textumfeld darzustellen.
Somit kann die **Aktivierung, Strukturierung und Einbettung des Vorwissens in den Text** eine Entlastung des Textverständnisses sein.
Hilfreiche Methoden hierzu sind:

- Leseerwartungen formulieren
- Vorwissen zusammentragen
- Fragen an das Thema formulieren
- muttersprachliches Wissen aktivieren
- Fachbegriffe erläutern
- Wörterlisten bereitstellen
- Nachschlagwerke bereitstellen

TEXTE KÜRZEN

Lange unverständliche Texte sollten Sie kürzen. In der Regel ist diese Methode mit einer sprachlichen Entlastung des Textes verbunden.

BEISPIEL

Um erkennen zu können, welche Entwicklungen die Menschheitsgeschichte genommen hat, müssen wir alles in die richtige Reihenfolge bringen, was wir über die Vergangenheit wissen. Wie für die Familiengeschichte brauchen wir also auch hier eine Zeitleiste.
Ihr wisst, dass die Zeit in gleiche Abschnitte eingeteilt wird. Einige Möglichkeiten gibt die Natur vor: die Dauer eines Jahres, eines Mondwechsels, eines Tages. Den Tag kann man rechnerisch unterteilen: in Stunden, Minuten, Sekunden. Es gibt aber auch größere Einheiten: Jahrzehnte, Jahrhunderte und Jahrtausende.
In der Zeitleiste unten lassen sich nur die großen Zeiteinheiten darstellen. Es stehen dort 2 Zentimeter für 1000 Jahre. Damit können wir aber nur 12000 Jahre verdeutlichen. Die über 2000000 Jahre der Menschheitsentwicklung findet ihr durch ein Knäuel veranschaulicht …

(Quelle: Entdecken und Verstehen 1. Realschule NRW. Cornelsen 2009, S. 15)

Textentlastung

Gekürzter Text

Um erkennen zu können, welche Entwicklungen die Menschheitsgeschichte genommen hat, brauchen wir eine Zeitleiste.

In der Zeitleiste unten lassen sich nur die großen Zeiteinheiten darstellen. Es stehen dort 2 Zentimeter für 1 000 Jahre. Damit können wir aber nur 12 000 Jahre verdeutlichen. Die über 2 000 000 Jahre der Menschheitsentwicklung findet ihr durch ein Knäuel veranschaulicht ...

TEXTE SPRACHLICH ENTLASTEN

Texte können auf der Wortebene, auf der Satzebene und auf der Textebene sprachlich entlastet werden (vgl. Benholz/Lipkowski/Iordanidou 2005, 251).

Entlastung auf der Wortebene:

- weniger verschiedene Wörter
- weniger neue Wörter
- weniger seltene Wörter (Spezialwörter, die nur in einem Text auftreten)
- Worterklärungen in den Text einarbeiten (Fußnote, Marginalspalte)

Entlastung auf der Satzebene:

- statt Imperfekt ➜ Präsens (Perfekt)
- statt Konjunktiv ➜ Indikativ
- statt Passiv ➜ Aktiv
- statt Genitiv ➜ Dativ
- statt Pronomen ➜ Nomen
- statt man, es ➜ wir, du, die Sache
- statt indirekter Rede ➜ direkte Rede
- statt langer Satz ➜ kurze Sätze
- statt Gliedsatz ➜ Satzreihen

Textentlastung

Entlastung auf Textebene:

- Satzmuster oft wiederholen
- fehlende oder falsche Textverknüpfer vermeiden
- Sprünge in der Argumentationsstruktur vermeiden
- Relationen zwischen Sätzen und Satzteilen deutlich machen
- wenn Pronomen verwendet werden, dann das Bezugswort deutlich machen
- die Bedeutung von Proadverbien (dazu, davon, dabei ...) verdeutlichen oder sie vermeiden
- die Bedeutung von multifunktionalen Formen (es, damit) verdeutlichen oder sie vermeiden

Entlastung des gesamten Textes

An dem folgenden Beispieltext aus einem Buch zum Fach Gesellschaftslehre werden zunächst die möglichen sprachlichen Schwierigkeiten erklärt, dann wird exemplarisch gezeigt, wie dieser Text entlastet, also sprachlich vereinfacht werden kann. Im dritten Schritt werden einige Möglichkeiten der Sprachförderung aufgezeigt, die parallel zum fachlichen Lernen stattfinden könnten.

BEISPIEL

Unsere Zeitrechnung

Um erkennen zu können, welche Entwicklungen die Menschheitsgeschichte genommen hat, müssen wir alles in die richtige Reihenfolge bringen, was wir über die Vergangenheit wissen. Wie für die Familiengeschichte brauchen wir also auch hier eine Zeitleiste.
Ihr wisst, dass die Zeit in gleiche Abschnitte eingeteilt wird. Einige Möglichkeiten gibt die Natur vor: die Dauer eines Jahres, eines Mondwechsels, eines Tages. Den Tag kann man rechnerisch unterteilen: in Stunden, Minuten, Sekunden. Es gibt aber auch größere Einheiten: Jahrzehnte, Jahrhunderte und Jahrtausende.
In der Zeitleiste unten lassen sich nur die großen Zeiteinheiten darstellen. Es stehen dort 2 Zentimeter für 1000 Jahre. Damit können wir aber nur 12000 Jahre verdeutlichen. Die über 2000000 Jahre der Menschheitsentwicklung findet ihr durch ein Knäuel veranschaulicht ...

(Quelle: Entdecken und Verstehen 1. Realschule NRW. Cornelsen 2009, S. 15)

Textentlastung

Der Text beinhaltet zahlreiche sprachliche Schwierigkeiten auf der Wort-, Satz- und Textebene.

Schwierigkeiten auf Wortebene:

- Fachbegriffe/Komposita/Nominalisierungen
  - die Zeitrechnung
  - die Zeitleiste
  - die Zeiteinheit
  - die Entwicklung
  - die Menschheitsentwicklung
  - die Menschheitsgeschichte
  - die Reihenfolge
  - die Familiengeschichte
  - der Abschnitt
  - die Möglichkeit
  - der Mondwechsel
  - das Jahrzehnt
  - das Jahrhundert
  - das Jahrtausend

- trennbare Verben
  - gibt … vor (vorgeben)

- Verben mit komplexen Bedeutungsstrukturen
  - stehen dort 2 Zentimeter für …
  - verdeutlichen
  - rechnerisch unterteilen

- Ausdruck der Unpersönlichkeit
  - Den Tag kann man …
  - Es stehen …

Schwierigkeiten auf der Satzebene:

- Passivkonstruktionen
  - lassen sich nur die großen Zeiteinheiten darstellen

Textentlastung

- verschachtelte Sätze
  - Um erkennen zu können, welche Entwicklung die Menschheitsgeschichte genommen hat, müssen wir alles in die richtige Reihenfolge bringen, was wir über die Vergangenheit wissen.

Schwierigkeiten auf Textebene:

- Textbezüge durch Satzverknüpfungsformen (Adverbien, multifunktionale Formen)
  - Damit können wir aber nur …

- Strukturelle Zusammenhang durch wechselnde Handlungsträger
  - müssen **wir** alles
  - … was **wir** über die Vergangenheit wissen …
  - brauchen **wir** also eine Zeitleiste …
  - **Ihr** wisst, dass die Zeit …
  - Den Tag kann **man** …
  - In der Zeitleiste unten **lassen sich** …
  - **Es** stehen dort …
  - Damit können **wir** …

In dem Beispiel für einen entlasteten Text werden nun **verschiedene Entlastungsstrategien** eingesetzt:

- Der Fachwortschatz wird erklärt.
- Verschachtelte Sätze werden vereinfacht.
- Die Beziehungen zwischen Bezugswörtern und Pronomen werden verdeutlicht.
- Der Gebrauch von Verben mit komplexen Bedeutungsstrukturen wird vermieden.
- Der Handlungsträger wird eindeutig und einheitlich benannt.

Textentlastung

BEISPIEL

Entlasteter Text

Unsere Zeitrechnung

Hier ist die Entwicklung der Menschheit mithilfe einer Zeitleiste und einer Spirale dargestellt. Die Zeitleiste ist in gleiche Abschnitte eingeteilt (2 cm für 1000 Jahre). Auf der Zeitleiste unten siehst du die Geschichte der Menschheit in den letzten 12 000 Jahren.
Es gibt aber schon viel länger Leben auf der Erde. Forscher haben herausgefunden, wie das Leben auf der Erde vor über 2 000 000 Jahren ausgesehen haben soll.
Diese lange Zeit ist auf dem Bild oben als Spirale dargestellt.

Die unterstrichenen Begriffe klären Sie im Unterricht mündlich: visualisiert an der Tafel, durch einen Wortspeicher, im Wortschatzheft o. Ä. (vgl. Abschnitt „Wortschatzarbeit", S. 104–111).

Entlastung von Textabschnitten

Einzelne schwierige Sätze, Arbeitsanweisungen oder andere Textpassagen müssen nicht immer schriftlich entlastet werden. Manchmal hilft es, wenn Sie den **Satz wiederholen und durch Erweiterungen oder Ergänzungen entlasten**.

BEISPIELE

- Wenn ich eine Zahl mit 25 multipliziere, erhalte ich 125.
- Wenn ich eine Zahl mit 25 multipliziere, **dann** erhalte ich 125.

- Beim Lösen verteilt sich ein Stoff in die umgebende Flüssigkeit.
- **Wenn** du einen Stoff, **z. B. Zucker, in einer Flüssigkeit (z. B. Wasser) auflöst, dann** verteilt sich der Stoff in der Flüssigkeit.
  Der Stoff hat sich aufgelöst.

Wortschatzarbeit

Um in einer (fremden) Sprache flüssig zu sprechen, reichen meistens schon 1000–2000 Wörter aus (Apeltauer 2008). Dieses gilt jedoch nur in einem umgangssprachlichen, alltäglichen Kontext (vgl. Abschnitt „Welche Sprachen werden in der Schule gesprochen?", S. 13–15).
Für eine erfolgreiche Mitarbeit im Fachunterricht reichen diese Wortschatzkenntnisse bei Weitem nicht aus, da **Fachsprachen einen spezifischen Wortschatz** haben, der in der Umgangssprache entweder nicht gebräuchlich ist, oder aber es Interferenzen zwischen der umgangssprachlichen und der fachsprachlichen Bedeutung gibt. Apeltauer (2008) weist darauf hin, dass unter Umständen nur 3 % unverstandene Wörter eines Textes das Textverständnis blockieren können.

Leisen (2010) berichtet über **Untersuchungen an Physikbüchern** für die Sekundarstufe I:

- In einer Unterrichtsstunde treten etwa neun neue Fachbegriffe auf.
- (Ältere) Physikbücher enthalten etwa 150 bis 200 verschiedene Fachbegriffe.
- In einem üblichen Schulbuchtext ist etwa jedes sechste Wort ein Fachbegriff und jedes 25. Wort ein neuer Fachbegriff.
- Rund die Hälfte der Fachbegriffe wird im Buch nur einmal benutzt.
- In einer naturwissenschaftlichen Unterrichtsstunde begegnen dem Lerner mehr neue Begriffe als im Fremdsprachenunterricht neue Vokabeln.

Wortschatzarbeit ist nicht mit Vokabellernen gleichzusetzen. Für eine **erfolgreiche, systematische und kompetenzorientierte Wortschatzarbeit** sind folgende Überlegungen wichtig:

- Welche Wörter müssen gelernt werden?
- Wie können die Wörter effektiv, nachhaltig und vernetzt geübt werden?

WELCHE WÖRTER MÜSSEN GELERNT WERDEN?

Wichtig ist, dass die Schüler nicht irgendwelche Wörter zufällig und beiläufig lernen sollen. **Wortschatzarbeit muss strukturiert werden**. Geübt werden muss sowohl der thematische als auch der funktionale Wortschatz.

Wortschatzarbeit

Der **thematische Wortschatz** ist der Wortschatz, der benötigt wird, um einen **bestimmten Sachverhalt oder ein bestimmtes Fachgebiet zu verstehen**, bzw. **sich hier auszudrücken**.
Wie dargestellt handelt es sich dabei meistens um Begriffe der Bildungssprache, die nicht vorausgesetzt werden dürfen. Wörter können hier auf der Textebene, auf der Satzebene oder auf der Wortebene erschlossen werden. Ebenso gilt es, unbekannte Wörter zu klären.
Im Praxisteil des Buches (S. 130–177) werden verschiedene Methoden zur Wortschatzarbeit vorgestellt.

Zusätzlich muss aber auch der **funktionale Wortschatz** geübt werden.
Der funktionale Wortschatz ist das sprachliche Wissen, das benötigt wird, um **bestimmte kommunikative Aufgaben zu bearbeiten** (Argumentieren, Modellieren, Darstellen, Kommunizieren). Dieser Bereich der Wortschatzarbeit hat im Zuge der Kompetenzorientierung der Lehrpläne einen viel größeren Stellenwert erhalten. Um den Mitteilungswortschatz zu üben, sind Übungen zur Reihenbildung und Klassifizierung hilfreich.
Hinweise dazu sind im Praxisteil (S. 130–177) für verschiedene Fächer zu finden.

WIE WIRD DER WORTSCHATZ GELERNT?

Für eine erfolgreiche Wortschatzarbeit sind folgende **Prinzipien** hilfreich:

- Kultur des Nachfragens
- Kultur des Nachschlagens
- Aufbau eines mentalen Lexikons
- Erschließung von Wortbildungsregularitäten
- Einbezug der Herkunftssprachen
- Vernetzung des sprachlichen und fachlichen Lernens

Kultur des Nachfragens

Dem Lehrer muss es gelingen, in der Klasse eine Kultur des Nachfragens zu installieren. Die Schüler müssen die **Kompetenz erwerben, Stolpersteine zu erkennen und zu benennen**. Nachfragen muss positiv bewertet und darf nicht defizitorientiert eingeordnet werden.

Wortschatzarbeit

Kultur des Nachschlagens

Nachschlagen ist eine Kompetenz, die Schüler eigentlich im Laufe der Grundschulzeit erworben haben sollten, die aber dennoch nicht vorausgesetzt werden kann. Schüler erwerben diese Kompetenz jedoch nicht mit nur einer Unterrichtseinheit. Im Unterricht, besonders im Deutschunterricht, muss **systematisch der Gebrauch des Wörterbuches** thematisiert werden, mehrsprachige Wörterbücher sind dazu hilfreich. Wörterbücher müssen auch im Fachunterricht zur Verfügung stehen. Darüber hinaus sollten im Fachunterricht weitere Methoden der Informationsbeschaffung aus dem Internet, verschiedenen Fachlexika, Tabellen, Diagrammen etc. regelmäßig geübt werden.

Aufbau eines mentalen Lexikons

Bei dem **mentalen Lexikon** handelt es sich um den Teil des Langzeitgedächtnisses, in dem den Wörtern komplexe Informationen – phonologische, syntaktische, morphologische und semantische – zugeordnet sind bzw. werden.

BEISPIEL

- Die Äpfel sind sauer.
- Ein Kilo Äpfel kostet 2,99 €.
- Äpfel werden in Deutschland angebaut.

In allen drei Sätzen sind unterschiedliche Informationen mit dem Begriff „Äpfel" verbunden. Im ersten Satz sind es bestimmte Äpfel, im zweiten Satz ist es eine bestimmte Menge Äpfel und im dritten Satz repräsentiert der Begriff eine Obstsorte.

Hilfreiche **Übungen zum Aufbau eines mentalen Lexikons** sind:

- Wortbedeutungen klären oder erklären lassen

BEISPIEL

Eine Sense ist ein Werkzeug. Mit diesem Werkzeug können Menschen eine Wiese oder hohes Gras abmähen. Früher, als es noch keine Rasenmäher oder Mähmaschinen gab, haben die Menschen nur mit Sensen gemäht.

Wortschatzarbeit

- Interferenz zwischen der umgangs- und der fachsprachlichen Bedeutung klären oder erklären lassen

BEISPIELE

- anziehen: Ich ziehe meinen Mantel an. Eisen wird von einem Magneten angezogen.
- aufheben: Ich hebe den Müll auf. Plus und minus heben sich auf.

- Assoziationsübungen

BEISPIELE

- Chaos: Da geht alles drunter und drüber.
- Lawine: Wenn ganz schnell sehr viel Schnee oder sehr viel Steine von einem Berg in ein Tal fallen oder rutschen, ist das eine Schneelawine oder eine Steinlawine.

- Wörter mit gleicher, ähnlicher oder gegensätzlicher Bedeutung sammeln

BEISPIELE

- Lenz bedeutet Frühling.
- Zwicken bedeutet kneifen.
- Wenn Elefanten trompeten, bedeutet das, dass sie laut brüllen.
- Anbauen ist nicht ernten.

- Ober- oder Unterbegriffe finden

BEISPIEL

der Baum

der Laubbaum — die Eiche, die Birke, die Buche

der Nadelbaum — die Tanne, die Fichte, die Kiefer

Wortschatzarbeit

Unterschiedliche Bedeutungen eines Wortes erarbeiten

BEISPIEL

ziehen:
- in eine andere Stadt ziehen
- aus der Wohnung ausziehen
- ein Pferd zieht einen Wagen
- Tee ziehen lassen
- es zieht am Fenster
- der Arm tut weh
- jemanden zu sich herziehen
- eine Linie zeichnen

Paraphrasierung

BEISPIEL

die Quellen:
Es gibt Stellen, an denen Wasser aus der Erde tritt. Das sind Quellen. Oft entsteht dann ein Fluss. Das Wasser einiger Quellen ist sehr gesund für die Menschen, weil das Wasser sehr warm ist oder viele Mineralstoffe enthält.

Wortfelder

BEISPIEL

subtrahieren kann bedeuten: wegnehmen, abschneiden, bezahlen, austrinken, absägen, verstecken, rausgehen, verkaufen, verlieren

Wortschatzarbeit

Erschließung durch Analyse der Wortbildungsregularitäten

- Komposita zerlegen und erklären

BEISPIEL

die Müllabfuhr:
der Müll + ab + fahren
Der Müll wird mit einem großen Auto weggefahren.

- Bedeutung von Vor- und Nachsilben klären

BEISPIELE

- übersetzen: eine Geschichte in einer anderen Sprache schreiben; mit einem Schiff von einem zum anderen Ufer fahren
- versetzen: einen Gegenstand an eine andere Stelle schieben, nach den Sommerferien in die nächste Klasse kommen
- absetzen: Ich habe etwas Schweres getragen und setze es auf den Boden. Ich distanziere mich. Ich verlasse eine Gruppe.
- besetzen: etwas erobern

- Ableitungen sammeln

BEISPIELE

- die Furt – fahren
- der Verband – verbinden
- die Sprache – sprechen

Wortschatzarbeit

- anhand eines Wortstamms neue Wörter suchen (Wortfamilie)

BEISPIEL

brechen: das Verbrechen, der Wolkenbruch, erbrechen, der Bruch, der Wortbruch, der Schiffsbruch, der Brocken, unterbrechen

- Analogien bilden

BEISPIEL

austauschen: Neuigkeiten austauschen, über Neues miteinander sprechen
austauschen: Schrauben austauschen, neue Schrauben nehmen

- Pluralformen herleiten

BEISPIELE

- ✦ Atlanten kommt von Atlas
- ✦ Risiken kommt von Risiko
- ✦ Stadien kommt von Stadion

Einbezug der Herkunftssprachen

Sprachvergleiche oder auch Einbezug von **Begriffen aus den Herkunftssprachen** sollten, wenn immer es möglich oder notwendig ist, angestellt werden. Alle Schüler werden davon profitieren.

Vernetzung des sprachlichen und fachlichen Lernens

An den dargestellten Übungen wird deutlich, dass eine systematische Wortschatzarbeit sowohl im Deutsch- als auch im Fachunterricht stattfinden muss. Wichtig sind **Absprachen im Kollegium**, damit sich die Bereiche gegenseitig stützen und ergänzen.

Wortschatzarbeit

Die **Wortschatzübungen** sollten, am besten nach einem einheitlichen System für die ganze Schule, im Klassenraum in Form von Listen oder auf strukturierten Arbeitsblättern präsentiert werden.
Die Übungen sind besonders effektiv, wenn

- Nomen mit dem bestimmten und unbestimmten Artikel,
- Nomen in Singular und Plural,
- Verben im Infinitiv und in einer flektierten Form,
- Adjektive in attributiver Form und
- Mitteilungsbereiche in ganzen Sätzen

präsentiert werden. Wichtig ist, dass ausreichend Zeit für Wiederholungen eingeplant wird.

Wortschatzübungen müssen im Deutsch- und im Fachunterricht fester Bestandteil des Unterrichts sein.

Scaffolding

Scaffolding, aus dem Englischen übersetzt „Baugerüst", ist ein **Sprachlern-konzept**, das durch **optimierte unterrichtliche Interaktionen** allen Schülern Unterstützung bieten soll. Dieses Konzept hat Pauline Gibbons (2009) auf der Basis von Yygotskis Theorie von der Zone der nächsten Entwicklung formuliert. Sie führt darin aus, dass nicht das Curriculum an die sprachlich benachteiligten Schüler angepasst werden müsse, sondern sich vielmehr die Unterstützung des Lehrers/Pädagogen auf jeden einzelnen Schüler einstellen müsse. (Gibbons, 2010, S. 25–37).

Ziel aller Bemühungen sollte sein, dass das **Gerüst als Stütze perspektivisch nicht mehr benötigt wird** und es dann wieder abgebaut werden kann.

In Folgenden erfahren sie **Merkmale, Prinzipien und Konsequenzen** dieses Konzeptes. Scaffolding setzt sich aus **vier Bausteinen** zusammen:

- Bedarfsanalyse
- Lernstandanalyse
- Unterrichtsplanung
- Unterrichtsinteraktion

Gibbons bezeichnet die ersten drei Bausteine als „Makro-Scaffolding" und den vierten Baustein als „Mikro-Scaffolding".

BEDARFSANALYSE

Zu Beginn der Unterrichtsplanung muss der Lehrer den Sprachbedarf ermitteln. Das Unterrichtsmaterial und die sprachlichen Anforderungen der mündlichen und schriftlichen Aufgaben müssen ebenfalls analysiert werden. (vgl. Abschnitt „Sprachliche Besonderheiten der deutschen Sprache", S. 16–20).

Scaffolding

LERNSTANDSANALYSE

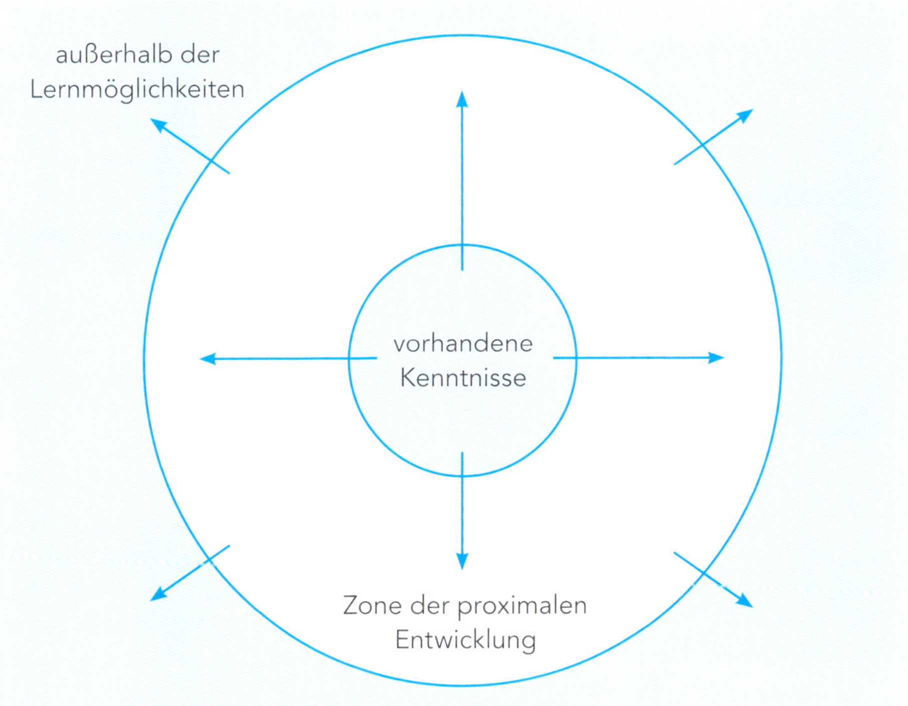

Bei der Lernstandsanalyse müssen die **Teilfertigkeiten** in den Bereichen Sprechen, Hören, Lesen und Schreiben, Grammatik- und Wortschatzkenntnisse und das Vorwissen **berücksichtigt werden**. Die vorhandenen Kenntnisse werden in der Grafik durch den blauen Innenkreis abgebildet. Außerhalb des äußeren Kreises liegt ein Gebiet, das von den Schülern im Moment nicht gelernt werden kann, da es weit über deren momentanen Möglichkeiten liegt. Zwischen dem inneren und dem äußeren Kreis liegt die **Zone der proximalen Entwicklung**. Nur hier kann Lernen stattfinden.

Angewendet auf den Unterricht zeigt das Schaubild, dass die Schüler sich sprachlichen Anforderungen gegenübersehen, die ein wenig über dem bisher erreichten Kompetenzniveau liegen. Scaffolding meint nun, dass mithilfe einer angepassten Unterrichtsplanung und einer entsprechenden Unterrichtsinteraktion nun der Schüler dahin gebracht werden soll, diese Kluft zwischen seiner Kompetenz und den gestiegenen Anforderungen zu schließen (vgl. Kniffka, 2010: Scaffolding).

Scaffolding

UNTERRICHTSPLANUNG

Auf der Basis der Analysen der ersten beiden Bereiche beginnt nun die **konkrete Planung der Unterrichtseinheit**.

Fachliche Ebene
abstrahierende Distanz

Sprachvariante
schriftlich und mündlich konzeptionell fachsprachlich

Aufgabenbeispiel:
Fachtext zum Thema im Schulbuch lesen und verstehen

Fachliche Ebene	Sprachvariante
Kompass anwenden: Experiment in Partnerarbeit	Ergebnisse verschriftlichen: Verfassen eines Protokolls unter Verwendung einer verfeinerten Fachsprache
Kompass in seiner Funktion beschreiben: Zusammenfassen der Ergebnisse des Experiments	Präsentation in der Klasse: mündlicher Vortrag mit einigen fachsprachlichen Begriffen und Wendungen
Kompass ausprobieren: Experiment in Partnerarbeit	dem Partner berichten: mündliche Erzählung in Alltagssprache

konkrete Anschauung

alltags-/umgangssprachlich

(Informationen nach: Kniffka, Neuer, 2008)

Scaffolding

Die (alltags-)sprachlichen Fähigkeiten der Schüler sind der Ausgangspunkt. Durch gezielten Input (Wortschatzhilfen, Satz- und Textbauhilfen, Brückentexte, falls der Text im Schulbuch zu schwierig ist), der etwas über den vorhandenen sprachlichen Möglichkeiten liegt, wird die **Erweiterung der Sprachkompetenz** initiiert.

UNTERRICHTSINTERAKTION

Ein primäres Ziel für die Unterrichtsinteraktion ist es, **mit den traditionellen Frage-Antwort-Schemata zu brechen**.
Folgende **Prinzipien** sollten der Unterrichtkommunikation daher zugrunde liegen:

- Die Lehrer-Schüler-Interaktion wird insgesamt deutlich verlangsamt.
- Die Schüler erhalten mehr Zeit zum Planen ihrer Äußerungen.
- Der Lehrer stellt „echte" Fragen, deren Beantwortung nur durch Planung komplexerer Äußerungen, statt einer Ein-Wort-Antwort, möglich ist.
- Schüler erhalten die Gelegenheit, kontextreduziert zu sprechen.
- Lern- und Arbeitsformen, wie Gruppen- und Partnerarbeit, werden auch sprachlich strukturiert. Nur so erhalten alle Schüler die Gelegenheit, sprachlich kompetent zu handeln.

KONSEQUENZEN

Scaffolding bedeutet, den Unterricht **sowohl fachlich als auch sprachlich zu planen und zu organisieren**.
Durch verschiedene „Gerüste", wie das Bereitstellen und Einüben des Wortschatzes und wichtiger Redemittel oder durch Zwischenschritte, werden fachliche und sprachliche Lernprozesse organisiert. Diese Veränderungen im Unterricht kommen letztlich allen Schülern zugute.
Aus diesen Leitlinien ergeben sich folgende **Konsequenzen**:

- Definieren Sie in allen Fächern und für jede Unterrichtsreihe die sprachlichen und die fachlichen Lernziele. Dadurch werden für die Schüler nicht nur die inhaltlichen, sondern auch die sprachlichen Lernziele transparent.

Scaffolding

- Wichtig ist, dass Sie nicht alle möglichen vorkommenden sprachlichen Formen zum Gegenstand sprachlichen Lernens machen und dazu Lernziele definieren. Suchen Sie sich zwei oder drei der für das Unterrichtsthema bedeutsamsten und typischsten sprachlichen Muster aus und definieren Sie dazu Ihre Lernziele.

Das folgendes **Planungsraster** (angelehnt an eines von Gibbons) soll Ihnen die Vorbereitungen erleichtern.

Planungsraster für einen sprachsensiblen Unterricht

Aktivitäten	Handlungsschritte	Sprechen	Lesen

Schreiben	Wortschatz	Grammatik	Interferenzen Umgangs-/ Fachsprache

DIE INTERKULTURELLE SCHULE

Teamarbeit im Kollegium

Die **sprachliche Heterogenität** in unseren Schulen hat in den letzten Jahren **deutlich zugenommen**. Es gilt als sicher, dass dieser Prozess sich in den nächsten Jahren noch fortsetzen wird. Und von den Lehrern wird erwartet, dass sie auf diesen Umstand reagieren und ihre Schüler entsprechend sprachlich fördern. Weder jeder Lehrer für sich noch eine kleine Gruppe von Kollegen oder eine Fachschaft allein kann diese umfangreiche und anspruchsvolle Aufgabe leisten. Das ist eine Aufgabe für die **gesamte Schule**.

Bisher wurden **in der Lehrerausbildung wenig fundierte Kenntnisse über Sprachbildung** vermittelt. Viele Fachlehrer wissen wenig über den Spracherwerb, den Zweitspracherwerb und die Vermittlung von Sprache in ihrem Fach. Viele fürchten, dass sie auch nicht genug Zeit hätten, neben den Fachinhalten gleichzeitig sprachliche Fähigkeiten zu fördern. Sie fühlen sich zu recht allein gelassen und überfordert.

Erschwerend kommt hinzu, dass die meisten **Unterrichtswerke** nicht so konzipiert sind, dass sie den Lernbedürfnissen von mehrsprachigen Lerngruppen gerecht werden.

Eine Schule, die vor einer solchen Herausforderung steht, sollte langsam und **behutsam diesen komplexen Bereich bearbeiten**. Wichtig ist dazu eine Vernetzung nach innen und nach außen.

Vernetzung nach außen

- Arbeitskreise, Zusammenarbeit mit anderen Schulen
- Lehrerfortbildung
- Unterstützung von der Schulaufsicht einfordern
- Unterstützung durch eine Universität, wenn möglich, in Anspruch nehmen

Vernetzung nach innen

- Organisatorische Vernetzung
- Ausbildung von Sprachförderkoordinatoren in allen Fächern
- Absprachen zwischen Schulleitung, Fachschaften, Jahrgangsstufenteams, Mitarbeitern des Ganztages und den Sprachförderkoordinatoren
- Schulleitung und die didaktische Leitung haben eine Schlüsselposition. Beide müssen diesen Schulentwicklungsprozess steuern und nach außen und innen absichern.

Teamarbeit im Kollegium

Inhaltliche Vernetzung

- Absprachen über eine einheitliche und verbindliche Sprachstandsdiagnostik der Schule
- Absprachen über die Organisation der additiven Sprachförderung (Sprachförderunterricht, Lesepatenmodell etc.)
- Jahrgangsstufen definieren Schwerpunkte für die Sprachbildung
- Erarbeitung von Planungshilfen für sprachbewussten Unterricht
- Erarbeitung und Organisation von Sprachbildungsangeboten in allen Fächern
- Durchsicht aller Lehrmittel
- Sichten und Zusammenstellen von guten Unterrichtsmaterialien
- Herstellung von eigenem sprachförderlichen Unterrichtsmaterial, das allen Lehrkräften zugänglich gemacht wird. Der Einsatz sollte in den Fachschaften geklärt werden.
- Aufbau eines Materialpools (Fachliteratur, Unterrichtsmaterial, Online-Materialien, Links)

Will eine Schule diese große Aufgabe in Angriff nehmen, sollten auf alle Fälle **Aufgaben, Zuständigkeiten** und **Entlastungsmöglichkeiten** sowie der **zeitliche Rahmen** geklärt werden.

Elternarbeit

Parallel zur Implementierung eines Sprachförderkonzeptes sollte über ein **Konzept zur Elternarbeit** diskutiert werden.
Dazu gehört z. B., dass Sie in der Schule Ihre Argumentation bei Elternberatungen bezüglich des Gebrauchs und der Förderung der Herkunftssprachen abstimmen (vgl. Abschnitt „Herkunftssprachen", S. 43–49).

Versuchen Sie darüber hinaus, **Eltern verstärkt in schulische Projekte und Projekte zur Mehrsprachigkeit einzubinden**.
Wenn es möglich ist, richten Sie an Ihrer Schule ein Elterncafé oder eine vergleichbare Möglichkeit ein, wo diese sich treffen und austauschen können.
Wenn immer es möglich ist, versuchen Sie, Sprachkurse für Eltern mit Migrationshintergrund anzubieten.

Einige Organisationen bieten spezielle **Elternkurse** an. Deren Inhalte können Anregung zu eigenen Projekten sein.

BEISPIEL

Inhalte von Elternkursen könnten z. B. sein:
- Verbesserung der Sprachkenntnisse
- aktueller Schulstoff der Kinder in einzelnen Fächern
- Lesestrategien
- Umgang mit dem Computer
- Umgang mit dem deutschen Schulsystem
- ...

Sprachbildende Hausaufgaben

Über das Thema Hausaufgaben wird seit jeher heftig und kontrovers diskutiert. Über die **Wirksamkeit von Hausaufgaben** bestehen sehr unterschiedliche Vorstellungen.
Zu unterscheiden sind dabei die traditionellen Hausaufgaben, die zu Hause oder bei einer Hausaufgabenbetreuung erledigt werden, von den sogenannten Lernzeiten, in denen Schüler im Rahmen einer Ganztagsschule, unterrichtliche und außerunterrichtliche Aufgaben selbstständig bearbeiten.
In diesem Abschnitt erhalten Sie Tipps, wie Sie Hausaufgaben auf die Lernbedürfnisse Ihrer Schüler abstimmen können.

Die **größten Schwierigkeiten** haben mehrsprachige Schüler in folgenden Bereichen:

- Sie haben Schwierigkeiten beim Lesen von Fachtexten.
- Sie verstehen den Fachwortschatz nicht.
- Sie verstehen die Arbeitsanweisungen nicht.
- Ihnen fehlt der kulturelle Hintergrund des Themenbereiches.
- Sie haben Probleme beim Schreiben von Fachtexten.

Wenn im Unterricht Sachverhalte vorwiegend dialogisch und umgangssprachlich besprochen werden und die Schüler dann zu Hause einen Fachtext zum Thema lesen oder sogar schreiben sollen, werden sie daher zwangsläufig scheitern (vgl. Kapitel „Die sprachlichen Besonderheiten der Fachsprachen", S. 39–42).

In mehrsprachigen Klassen sollten Sie Lesestrategien, Methoden zur Wortschatzerschließung und Schreibstrategien als Kompetenzen im Unterricht erarbeiten, diese **erarbeiteten Methoden** nutzen und hierzu spezifische Aufgabenstellung als Hauaufgabe stellen:

- Die Schüler können ihr Vorwissen aktivieren, indem sie Rechercheaufgaben für das neue Unterrichtsthema bekommen und ihre Ergebnisse schriftlich festhalten. Sie können sie z. B. in Form von Stichpunkten in ihr Heft schreiben oder eine Mindmap erstellen.
- Vergewissern Sie sich im Unterricht davon, ob ihre Schüler die Arbeitsanweisungen verstanden haben. Eine gute Übung dazu ist, die Arbeitsanweisungen durch sprachliche Expansion beschreiben zu lassen.
- Das Lesen von Texten können Sie mit Hausaufgaben z. B. dadurch fördern, indem Sie den Schülern Teilaufgaben stellen:
  - Fragen an den Text/Textstellen stellen
  - Fragen zum Text beantworten

Sprachbildende Hausaufgaben

- Texte gliedern
- bekannte Wörter/Sätze unterstreichen
- unbekannte Wörter unterstreichen und im Wörterbuch nachschlagen lassen

Diese Teilaufgaben sollten dann im Unterricht besprochen werden.
Erst danach wird der gesamte Text gelesen.

- Das Schreiben von Texten sollte im Unterricht immer gut vorbereitet werden. Stellen Sie Ihren Schülern Wort-, Satz- und Textbauhilfen zur Verfügung.

Wichtig bei Hausaufgaben ist, dass die Schüler sich nicht formal mit einem Thema beschäftigen müssen. Solche Aufgabenstellungen verhindern ein vernetztes und somit nachhaltiges Lernen. Hausaufgaben sollten so konzipiert sein, dass durch sie die **schriftsprachlichen und die fachlichen Kompetenzen gleichermaßen gefestigt** werden. Dazu bedarf es vorbereitender Übungen im Unterricht und gezielter Aufgabenstellungen.

Damit auch Hausaufgaben oder **Aufgaben in Lernzeiten** die Sprachbildung der Schüler fördern, muss sich das Kollegium der Klasse, des Jahrganges oder der gesamten Schule verständigen.
Nicht nur die Lehrer, sondern auch die pädagogischen Kräfte im Ganztag müssen fortgebildet werden und zu diesem Thema Absprachen treffen (vgl. Abschnitt „Teamarbeit im Kollegium", S. 117/118).

Seiteneinsteiger

Die Zahl der **jugendlichen Seiteneinsteiger in den Schulen** ist in den letzten Jahren deutlich gestiegen. Es ist davon auszugehen, dass die Zahl in den nächsten Jahren nicht zurückgehen, sondern wahrscheinlich eher noch ansteigen wird. Die **Bandbreite** bei den Seiteneinsteigern ist groß: Es kommen Jugendliche in die Sekundarstufe I, die teilweise kaum Schulerfahrungen mitbringen. Andere Schüler sind traumatisiert. Und wiederum andere sind in ihrem Heimatland fachlich hervorragend ausgebildet worden, sprechen häufig mehrere Sprachen, nur aber eben nicht die deutsche Sprache.
Die Gruppe der Seiteneinsteiger ist somit sehr heterogen und stellt alle Schulen vor eine große Herausforderung. Für sie können keine Patentrezepte gegeben werden, da die **Beschulungs- und Fördermöglichkeiten** vor Ort sehr unterschiedlich sind.

Allen Schülern gemeinsam ist, dass sie **andere Kultur- und Lebenserfahrungen** gemacht und ein anderes kulturelles Wissen erworben haben. Für Sie als Lehrer ist es sehr wichtig, zu berücksichtigen, dass Seiteneinsteiger neben der Sprachkompetenz auch dieses kulturelle **Wissen über unsere Kultur** erlernen und erfahren müssen.

Dazu gehören u. a. folgende Bereiche:

- Kenntnisse der Regeln und der Organisation der deutschen Schule
- Geschichte des Wohnorts
- geografische Besonderheiten des Wohnorts
- heimische Tiere und Pflanzen
- Kenntnis der klimatischen Besonderheiten
- Kenntnisse der deutschen und zum Teil auch europäischen Geschichte
- Kenntnis der Lieder und Geschichten des europäischen Kulturkreises
- Kenntnis des politischen Systems in Deutschland
- Kenntnisse der Werte und Normen
- Kenntnis der Essgewohnheiten
- Kenntnis der religiösen Gebräuche

In **Seiteneinsteigerklassen, Vorkursen** o. Ä. sollten diese Themen daher zum Gegenstand des Unterrichts gemacht und sprachfördernd aufbereitet werden. Stellen Sie für jedes Thema den Wortschatz und die erforderlichen Redemittel zur Verfügung. Stellen Sie so eine Verbindung von sprachlichem und fachlichem Lernen her. Wenn immer es geht, reduzieren Sie nicht den fachlichen Stoff,

Seiteneinsteiger

wenn die Schüler in der Lage sind, diese Inhalte zu bearbeiten. Suchen Sie individuelle Lösungen, damit die Schüler mithilfe von Wörterbüchern, Übersetzern etc. die Aufgaben bewältigen können.

- Besuchen Sie eine Burg in Ihrer Nähe und thematisieren Sie diesen Teil der deutschen Geschichte. Viele Herkunftsländer kennen keine Ritter und Burgen.
- Erkunden Sie Ihre Stadt und geben Sie Ihren Schülern Informationen über die Stadtgeschichte.
- Besuchen Sie mit den Schülern, wenn diese aus Südeuropa oder Afrika kommen, eine Eislauf- oder Skihalle. Die Schüler haben wahrscheinlich noch nie Schnee gesehen.

Integration bedeutet somit zum einen, Sprachkenntnisse zu erwerben und zum anderen, Teilhabe am gesellschaftlichen, politischen, sozialen und kulturellen Leben zu ermöglichen.

Es ist sinnvoll, die sprachliche Integration in drei Etappen zu organisieren:

- **1. Etappe:** Die Schüler erwerben grundlegende sprachliche Fähigkeiten und werden dazu in Vorbereitungsklassen, Vorkursen o. Ä. zusammengefasst. In dieser ersten Etappe werden Grundlagen für bildungssprachliche Fähigkeiten gelegt.
- **2. Etappe:** Die Schüler nehmen in einigen Stunden am Unterricht der Regelklasse teil. In den anderen Stunden werden die grundlegenden sprachlichen Fähigkeiten weiter in der Vorbereitungsklasse/im Vorkurs ausgebaut. Hier ist eine enge Zusammenarbeit zwischen dem Betreuungslehrer der Vorbereitungsklasse/dem Vorkurs und den Lehrern in der Regelklasse wichtig.
- **3. Etappe:** Ab jetzt sind die Schüler voll in die Regelklasse integriert. Allerdings muss hier für die Seiteneinsteigerschüler noch zusätzliche Unterstützung angeboten werden. Es geht dabei um den Ausbau bildungssprachlicher Kompetenzen mit besonderem Gewicht auf den Ausbau der fächerspezifischen sprachlichen Fähigkeiten.

Seiteneinsteiger

Einige Bundesländer haben **Rahmenrichtlinien oder Lehrpläne für Seiteneinsteiger** entwickelt, in anderen Bundesländern fehlt ein derartiges Curriculum.

TIPP

Im Internet finden Sie auf dem Bildungsserver Sachsen den Lehrplan für Vorbereitungsklassen und auf dem Bildungsserver Rheinland-Pfalz den Rahmenplan Deutsch als Zweitsprache.
In beiden Dokumenten finden Sie präzise Hinweise, wie Sie in einer Vorbereitungsklasse unterrichten können. Wichtige Themen sind sprachfördernd aufbereitet.

Lehrplan DaZ Sachsen: www.bildung.sachsen.de/apps/lehrplandb/downloads/lehrplaene/deutsch_als_zweitsprache_2009.pdf

Rahmenplan DaZ Rheinland-Pfalz:
http://lehrplaene.bildung-rp.de/gehezu/startseite.html, als Suchbegriff „Deutsch" wählen und eines der Ergebnisse ist der „Rahmenplan Deutsch als Zweitsprache"

Checklisten Schul- und Unterrichtsentwicklung

Verschiedene **Institutionen** (z. B. FörMig-Kompetenzzentrum Hamburg [Förderung von Kindern und Jugendlichen mit Migrationshintergrund] , Hauptstelle der RAA [Regionale Arbeitsstellen zur Förderung von Kindern und Jugendlichen aus Zuwandererfamilien]/Kommunale Integrationszentren in NRW, Qualität in multikulturellen Schulen [QUIMS], Zürich) haben **Checklisten mit Qualitätsmerkmalen** zur durchgängigen Sprachbildung und zur interkulturellen Schulentwicklung veröffentlicht.

Es lohnt sich für Sie, sich dieses Material zu beschaffen, denn es erleichtert, ...

- die aktuelle Situation an Ihrer Schule zu analysieren,
- Ihr eigenes und das Bewusstsein Ihrer Kollegen für sprachbildende unterrichtsinterne und außerunterrichtliche Gegebenheiten zu schärfen und
- ein eigenes Konzept zur kontinuierlichen Sprachbildung in einer interkulturellen und/oder inklusiven Schule zu entwickeln.

(Informationen nach: Checkliste der RAA, 2012, S.4)

Die Qualitätsmerkmale werden sehr präzise konkretisiert, anhand vieler Beispiele erläutert und durch Literaturangaben ergänzt.

TIPP

Die Institutionen finden Sie im Internet unter folgenden Adressen:

- FörMig-Kompetenzzentrum: www.foermig.uni-hamburg.de/web/de/all/home/index.html
- RAA: www.raa.de
- QUIMS: www.vsa.zh.ch/internet/bildungsdirektion/vsa/de/schulbetrieb_und_unterricht/qualitaet_multikulturelle_schulen_quims.html

Checklisten Schul- und Unterrichtsentwicklung

Das FörMig-Kompetenzzentrum hat **sechs Qualitätsmerkmale** entwickelt, die ich hier vorstellen möchte:

Checkliste Qualitätsmerkmale zur durchgängigen Sprachentwicklung		
Q1	Die Lehrer planen und gestalten den Unterricht unter Berücksichtigung des Registers „Bildungssprache". Sie achten darauf, dass eine Verbindung von Allgemein- und Bildungssprache hergestellt wird.	
Q2	Die Lehrer diagnostizieren die individuellen sprachlichen Voraussetzungen der einzelnen Schüler. Sie stellen Entwicklungsprozesse fest und dokumentieren sie.	
Q3	Die Lehrer stellen allgemein- und bildungssprachliche Hilfsmittel bereit und passen diese an die Bedürfnisse der Schüler individuell an.	
Q4	Die Schüler erwerben allgemein- und bildungssprachliche Fähigkeiten. Sie können diese in vielen inner- und außerunterrichtlichen Situationen aktiv einsetzen und entwickeln.	
Q5	Die Lehrer unterstützen die Schüler individuell in ihren jeweiligen Sprachbildungsprozessen.	
Q6	Die Lehrer und Schüler überprüfen und bewerten regelmäßig die Ergebnisse des sprachlichen Bildungsprozesses.	

(Informationen nach: FörMig, 2010, S. 8)

PRAXISBEISPIELE: SPRACHFÖRDERUNG IN ALLEN FÄCHERN

Was bedeutet Sprachförderung in allen Fächern?

Sprachförderung kann nur gelingen, wenn die **gesamte Schule sich dieser Aufgabe annimmt**. Sprachförderung muss in allen Fächern stattfinden.

Sie haben in den vorherigen Kapiteln viel über die Besonderheiten der deutschen Sprache und über sprachliche Register erfahren sowie verschiedene Methoden zur Sprachförderung kennengelernt.
In den folgenden Abschnitten finden Sie nun **konkrete Unterrichtsbeispiele**, die zeigen, wie Sprachförderung in den einzelnen Fächern gelingen kann.

Dazu ist es wichtig, dass Sie sich noch einmal die **verschiedenen Ebenen und Funktionen** bewusst machen, die Sprache im Unterricht haben kann:

- Sprache ist immer schon eine **Lernvoraussetzung**, denn ohne Sprachkenntnisse kann kein Schüler sich angemessen am Unterricht beteiligen.
- Sprache ist auch gleichzeitig **Lernmedium**.
- Oftmals ist Sprache in den mehrsprachigen Lerngruppen aber auch ein **Lernhindernis**. Das ist immer dann der Fall, wenn Schüler die notwendigen Anforderungen an Sprachproduktion und -rezeption nicht erfüllen können und dadurch keinen oder keinen ausreichenden Zugang zum fachlichen Lernen erhalten.
- Um diese Situation zu ändern und einen Ausgleich der herkunftsbedingten Benachteiligung zu schaffen, muss Sprache in allen Fächern immer zum **Lerngegenstand** werden. Ausgehend von den fachlichen Lernzielen müssen in jedem Fach parallel zum Unterrichtsthema die sprachlichen Mittel bereitgestellt und mitgelernt werden. Diese Neukonzeption des Unterrichts fördert nicht nur das sprachliche Lernen, sondern wird auch die Leistungen der Schüler in den Fächern verbessern.

Deutsch

Die **Didaktik des Deutschunterrichts** ist bisher von einer **muttersprachlich orientierten Sichtweise** geprägt. Das altersgemäße Können der Sprache wird vorausgesetzt. Auf der Grundlage dieses Könnens erwerben die Schüler dann im Deutschunterricht das sprachliche Wissen, z. B. über Wortarten, Satzglieder, Zeitformen der Verben etc. Dieses sprachliche Können haben die Schüler mit deutscher Muttersprache implizit erwerben können (vgl. Abschnitt „Spracherwerbssituationen: Deutsch als Erst-, Zweit- und Fremdsprache", S. 8–12).
Das schwierige **Verhältnis zwischen dem sprachlichen Können und dem sprachlichen Wissen** muss für die didaktischen Entscheidungen in mehrsprachigen Lerngruppen neu definiert werden. Der Deutschunterricht muss das sprachliche Wissen und das sprachliche Können **gleichermaßen vermitteln**. Die Herausforderung besteht darin, die Synchronisation des gesteuerten und des ungesteuerten Spracherwerbs didaktisch umzusetzen.

In der Sekundarstufe I besteht die Gefahr des **„Backsliding"**, also der **Rückentwicklung sprachlicher Fähigkeiten**. Belke (2012) fasst die Untersuchungsergebnisse von Selinker (1972) und Ott (2000) folgendermaßen zusammen:

> „Unter den im Vergleich zur Grundschule komplexeren schriftsprachlichen Anforderungen in den Sekundarstufen brechen in der Primarstufe scheinbar bereits erworbene Sprachstrukturen zusammen."
>
> *(Belke, 2012, S. 82)*

Im Deutschunterricht muss folglich in allen Teilbereichen (Hören, Sprechen, Lesen und Schreiben) die Sprache weiter gelernt und gleichzeitig als Unterrichtsgegenstand thematisiert werden. Die **Teilbereiche Lesen und Schreiben** spielen dabei eine besondere Rolle, da hier die sprachlichen Fähigkeiten der Schüler am wenigsten ausgeprägt sind. Für eine **erfolgreiche Schullaufbahn** spielen sie aber die entscheidende Rolle.

LESEN

Lesen ist ein komplizierter Vorgang, in dem mehrere Faktoren zusammenspielen. Lesen bedeutet, **Texte zu verstehen**. Ein Text ist nicht eine zufällige Aneinanderreihung von Wörtern, sondern er hat eine Struktur. Einzelne Sätze und Textteile beziehen sich aufeinander.

Deutsch

Das bedeutet für die **Leseförderung**, dass neben der Klärung des Wortschatzes Übungen zum Textverständnis eine zentrale Rolle spielen müssen. Leseübungen müssen immer Übungen auf der Wort-, der Satz- und der Textebene umfassen. Wichtige Lesestrategien haben Sie schon im Abschnitt „Lesestrategien" (S. 70–81) kennengelernt. Üben Sie diese Strategien systematisch mit den Schülern ein.

Gliedern Sie den **Leseprozess**

- vor dem Lesen,
- während des Lesens und
- nach dem Lesen

und geben Sie den Schülern für die einzelnen Phasen gezielte Aufgaben und Übungen.

Textverknüpfungsmittel

Im folgenden Abschnitt finden Sie Beispiele für die Förderung des Leseverständnisses, indem **Textverknüpfungsmittel bewusst gemacht** werden. **Textverknüpfungen** sind für mehrsprachige Schüler besonders schwer zu verstehen und müssen somit regelmäßig und gezielt geübt werden. Die einzelnen Textteile werden in der deutschen Sprache überwiegend durch **Pronomen, Adverbien, Konjunktionen** oder durch **Synonyme** verbunden.

Folgendermaßen kann das Leseverstehen durch die **Zuordnung von Pronomen und Nomen** gefördert werden.

BEISPIEL

Brüder Grimm: Prinzessin Mausehaut

Ein König hatte drei Töchter. Er wollte wissen, welche ihn am liebsten hätte, also ließ er sie zu sich kommen und fragte sie. Die älteste sprach, sie habe ihn lieber als das ganze Königreich: die zweite, als alle Edelsteine und Perlen auf der Welt; die dritte aber sagte, sie habe ihn lieber als das Salz. Der König wurde wütend, dass sie ihre Liebe zu ihm mit einer so geringen Sache verglich, übergab sie einem Diener und befahl, er solle sie in den Wald führen und töten ...

(Quelle: Zitiert nach Doppelklick 2009, S. 164)

Deutsch

In diesem kleinen Abschnitt kommen fünf Handlungsträger vor: der König, die drei Töchter und der Diener.
Lassen Sie die Wörter farblich markieren, die die einzelnen Personen repräsentieren, z. B.:

- den König blau: ein König, er, ihn, er, ihn, ihn, der König, ihm
- die älteste Tochter rot: die älteste, sie
- die zweite Tochter grün: die zweite
- die dritte Tochter gelb: die dritte, sie, sie, sie, sie
- den Diener braun: einem Diener, er

Es folgt ein Beispiel, wie das Leseverstehen durch die **Zuordnung der Adverbien** zu den einzelnen Textabschnitten gefördert werden kann.

BEISPIEL

Probier's mal mit Gemütlichkeit!

Wie faul sind Faultiere eigentlich? In ihrer Heimat, den Regenwäldern Mittel- und Südamerikas, hangeln sie sich in Zeitlupe durch die Baumkronen – viele schaffen nicht mal 40 Meter täglich. Die Einzelgänger schlafen im Schnitt 15 Stunden am Tag, sie atmen langsam, ihr Herz schlägt gemächlich und sogar ihre Verdauung lässt sich Zeit: Faultiere „müssen" nur einmal pro Woche. Dann lassen sie dicht über dem Boden riesige Haufen fallen, bevor sie wieder hoch in die Bäume klettern.

(Quelle: Kerstin Bertrand: Probier's mal mit Gemütlichkeit. In: GEOlino 02/2007, S. 56)

Pronomen spielen in diesem Text zwar auch eine Rolle (Faultiere: ihre Heimat, sie, ihr Herz, ihre Verdauung, sie, sie). Wichtig zum Textverständnis sind hier aber auch **Adverbien** (dann, sogar, bevor) und das **Synonym** (Einzelgänger).

Formulieren Sie zusammen mit den Schülern Fragen zum Textverständnis:

- Wer sind Einzelgänger?
- Was bedeutet das Wort „dann"?
- Wann klettern sie wieder die Bäume hoch? Was bedeutet das Wort „bevor"?

Deutsch

Lesetechniken

Lesen ist nicht gleich lesen. Es gibt **verschiedene Arten von Lesetechniken**, die wir je nach Situation anwenden:

- selektives (suchendes) Lesen:
  - Die Schüler suchen Fakten durch Überfliegen des Textes.
- orientierendes Lesen (skimming):
  - Hier überfliegen die Schüler den Text und besonders hervorstechende Teile (Bilder, Überschriften, grafische Hervorhebungen) sind der Ausgangspunkt für weiteres Lesen
- extensives Lesen:
  - Hierbei liest der Schüler den Text nur schnell und flüchtig, es geht um ein globales Textverständnis.
- intensives Lesen:
  - Hier sollen die Schüler den Text als Ganzes mit allen Details verstehen. Intensives Lesen erfordert deshalb die Anwendung von Lesestrategien.
- zyklisches Lesen:
  - Die Schüler überfliegen den Text zuerst, lesen ihn also orientierend. Danach folgt ein extensives und dann ein intensives Lesen.

Alle Lesetechniken müssen im Deutschunterricht als Strategien geübt werden. Intensives und zyklisches Lesen bilden den Schwerpunkt der Leseförderung. Bieten Sie Ihren Schülern regelmäßig Übungen an, damit sie diese Lesestrategien (vgl. Abschnitt „Lesestrategien", S. 70–81) als Werkzeuge erlernen.

TIPPS

- Viele Schulbücher enthalten Hinweise zu Lesestrategien, die teilweise als „Textknacker" o.Ä. bezeichnet werden. Diese Übungen sind richtig und wertvoll. Die Anwendung wird aber meistens nur auf einen oder wenige Übungstexte bezogen. Sie können diese Methode aber auch auf andere Texte übertragen.
- Bereiten Sie das Lesen kleinschrittig vor. Ihre Schüler sollten jeden Text anhand von Textknackern, also mithilfe von Lesestrategien, dekodieren lernen. Nur so erreichen Sie, dass Ihre Schüler Texte nicht nur formal, sondern sinnerfassend lesen können.

SCHREIBEN

Das **Schreiben eigener Texte** ist für Ihre Schüler am schwierigsten.

> „Fast 30 Prozent von etwa 150 befragten Schülerinnen und Schülern am Ende der Sekundarstufe I sind der Meinung, das Schreiben in der Schule nicht geübt zu haben.
>
> 34 Prozent der befragten Schülerinnen und Schüler halten das Schreiben nicht für lernbar."
>
> *(Merz-Grötsch 2001, S. 168 ff.)*

In denen von Merz-Grötsch durchgeführten Untersuchungen gaben die Schüler außerdem an, dass Schreiben häufig eine disziplinierende Absicht gehabt habe (z. B. Schulordnung abschreiben, sinnloses Abschreiben von Texten aus dem Schulbuch) oder der Fokus beim Schreiben sich fast ausschließlich auf den Bereich Rechtschreibung bezogen habe.

Die Fähigkeit, Texte schreiben zu können, ist **für den Bildungserfolg ausschlaggebend**. Vergleichsarbeiten, zentrale Abschlussprüfungen, das Abitur – alle diese Prüfungen beinhalten einen ausführlichen schriftlichen Bereich, der meistens den größeren Teil der Prüfung ausmacht.

Schreiben ist ein **komplexer Prozess**, der kleinschrittig und genau geübt werden muss:

- Erarbeiten Sie zusammen mit Ihren Schülern einen Schreibplan, den Sie dann für jede Textsorte spezifizieren.
- Planen Sie Zeit zum Schreiben und zum Überarbeiten ein.
- Teilen Sie den Schreibprozess in folgende Abschnitte auf:
  - Planung des Textes
  - Schreiben des Textes
  - Korrektur des Textes
  - Überarbeitung des Textes

Deutsch

Planung

Hier ist es wichtig, das **Vorwissen zu aktivieren und zu strukturieren**. Dazu eignen sich Methoden wie Mindmaps oder Stichwortzettel.

Sollten die Schüler über die Sache, die sie schreiben sollen, ein zu geringes oder gar kein Vorwissen haben, müssen Sie zunächst auf der inhaltlichen Ebene arbeiten, um das nötige Wissen bereitzustellen.

Ebenso ist es wichtig, zu klären, ob die Schüler die **formalen Anforderungen**, die die zu schreibende Textsorte bedingt, erfüllen können. Sollte das nicht der Fall sein, müssen Sie hier zunächst einmal allgemeine Textsortenkompetenz vermitteln. Dazu werden dann auch während des Schreibprozesses passende sprachliche Hilfen benötigt.

BEISPIEL

Formale Anforderungen an eine Inhaltsangabe:

- einen Einleitungssatz mit den wichtigsten Informationen (Titel, Textart, Autor, Thema) formulieren
- im Hauptteil die wichtigsten Inhalte zusammenfassen
- den Text in eigenen Worten formulieren
- sachlich schreiben
- im Präsens schreiben
- wörtliche Rede als indirekte Rede formulieren

Der Schreibprozess

Die folgende Checkliste für einen **Schreibplan** ist allgemein gehalten. Konkretisieren Sie diesen Plan für den jeweiligen Schreibanlass. In der rechten Spalte können Sie den Schreibplan für den jeweiligen Schreibanlass durch eigene Notizen konkretisieren.

Deutsch

Checkliste für einen Schreibplan		
	Leitfragen	**eigene Notizen**
Thema	• Wie heißt das Thema? • Was soll geschrieben werden?	
Adressat	• Für wen und für welchen Anlass wird der Text geschrieben?	
Funktion des Textes	• Soll der Text unterhalten, über etwas informieren, etwas erzählen?	
Textsorte	• Welche Textsorte entspricht dieser Funktion?	
Inhalt	• Welche Informationen brauche ich? • Habe ich die Informationen? • Woher kann ich sie bekommen? • Welche Informationen braucht der Leser? • In welcher Reihenfolge schreibe ich die Informationen?	
Sprachliche Hilfen	• Beispieltexte • Textbausteine • Textanfänge • Brückentexte • Satzanfänge • Wortschatz • wichtige, typische Formulierungen • Rechtschreibhilfen (Wörterbücher)	
Strukturelle Hilfen	• Verknüpfungsmittel (Satzebene) • Verknüpfungsmittel (Textebene) • Titel, Untertitel • Gliederung in Abschnitte • Leitfragen • Stichpunkte • Tabellen • Mindmap • Ablaufplan	

Deutsch

Wenn Schüler einen Text schreiben müssen, bedeutet das, dass sie …

- inhaltliches Wissen über die Schreibaufgabe haben,
- einen Text planen können,
- über die erforderlichen sprachlichen Kenntnisse verfügen und
- die Merkmale der Textsorte kennen.

Sind diese **Kompetenzen** nicht oder nur teilweise vorhanden, müssen sie im Unterricht erarbeitet werden. Methoden, wie Sie sprachliche Hilfen organisieren können, haben Sie bereits im Abschnitt „Fachtexte schreiben" (S. 91–96) kennengelernt.

Bedenken Sie, dass mehrsprachige Schüler zusätzlich zu diesen Kompetenzen ihre **Schreibideen von der Muttersprache in die Zweitsprache gedanklich „übersetzen"** müssen. Wenn ihnen sprachliche Mittel fehlen, müssen sie Sachverhalte umschreiben. Das bedeutetet, dass die Schüler mehr Zeit zum Schreiben brauchen. Zeitdruck fördert nicht die Schreibkompetenz, sondern erzeugt Unsicherheit und einen Widerwillen gegen das Schreiben.

Überarbeiten

Die Phase der **Korrektur und Überarbeitung** von Texten muss in mehrsprachigen Lerngruppen einen wichtigen Stellenwert einnehmen. Benholz/Lipkowski (2008) geben zahlreiche Ratschläge zur Fehlerkorrektur von mehrsprachigen Schülern. Wichtig ist, dass Sie **Fehler kategorisieren**.

> „Fehlerkatagorien sollten in der Regel gemeinsam mit den Schülerinnen und Schülern entwickelt werden […] Korrekturen sollten nach den erarbeiteten Fehlerkategorien vorgenommen oder von den Schülern selbst durchgeführt werden."
>
> *(Benholz/Lipkowski, 142)*

Fehler sind immer **Ausgangspunkt für weiteres sprachliches Lernen**. Grammatikfehler, Wort- und Ausdrucksfehler geben dem Lehrer Hinweise, welche sprachlichen Probleme der Schüler hat (vgl. Abschnitt „Diagnostik", S. 64).

Im Fall von **Ausdrucksfehlern** sollten komplette Alternativformulierungen angeboten werden. Diese Formulierungen sollte der Schüler dann mehrmals

Deutsch

mit der Methode des generativen Schreibens üben. So prägen sich richtige Satzstrukturen ein und es findet sprachliches Lernen statt.

Grammatikfehler sollten Anlass sein, um mit den Schülern zusammen über die Regelbildung der deutschen Sprache nachzudenken. Die Vorgabe richtiger Formulierungen und strukturierte Übungen (vgl. Abschnitt „Grammatikunterricht", S. 139–143) unterstützen die Schüler, ihre innere Regelbildung der deutschen Sprache weiter zu entwickeln.

TIPPS

- Planen Sie für das Schreiben eines Textes mehr Zeit ein.
- Gliedern Sie den Schreibprozess:
  - Planen
  - Schreiben
  - Überarbeiten
- Sorgen Sie in allen drei Phasen des Schreibprozesses dafür, dass Sie den Schülern sprachliches Material zur Unterstützung und sprachliche (Vor-)Übungen anbieten.
- Informieren Sie sich über die Sprachstrukturen der deutschen Sprache (vgl. Abschnitte „Sprachliche Besonderheiten der deutschen Sprache", S. 16–38 und „Die sprachlichen Besonderheiten der Fachsprache", S. 39–42).
- Informieren Sie sich über Strukturen der Herkunftssprachen (vgl. Abschnitt „Herkunftssprachen", S. 43–49).

So werden sie **Fehler der Schüler einordnen und produktiv nutzen** können.

GRAMMATIKUNTERRICHT

Expliziter **Grammatikunterricht fördert nicht das sprachliche Können**.
Es gibt z. B. sehr viele Aufgaben, die von den Schülern verlangen, Satzglieder und/oder die vier Kasus durch die sogenannte Fragemethode mithilfe der Fragewörter „wer oder was?", „wessen?", „wem, wen oder was?" zu ermitteln. Granzow-Enden(2006) konstatiert, dass diese Fragemethode weder der Sache noch dem schulischen Bildungsauftrag gerecht würde.

Deutsch

Warum ist das so? Die Antworten auf diese Frage lauten:

- Das „richtige Fragen" setzt ein sicheres Sprachgefühl voraus.
- Sprachliches Lernen findet nicht im Kontext statt. Es werden lediglich sprachliche Einheiten formal benannt.
- Das „richtige Fragen" führt nicht automatisch zu einer richtigen Antwort.

BEISPIEL

Die Schüler sollen eine Frage zu dem markierten Begriff formulieren.

- ✦ Die Mutter antwortet **dem Kind**.
- ✦ Die Mutter antwortet **den Kindern**.

Um die richtige Frage zu stellen und somit die Objekte als Dativobjekte zu identifizieren, muss der Schüler das richtige Fragewort und damit auch die Antwort schon kennen.

Deklination

Die **Beherrschung der Deklination** sowie die Entscheidung, welcher Kasus das Objekt regiert und wie der Satz überhaupt richtig konstruiert werden muss, lernen die Schüler so nicht. Aber gerade diese Bereiche müssten geübt werden. Sie erinnern sich: Der Kasus des Objekts hängt vom Verb und/oder der Präposition ab. Deklinationsfehler sind die häufigsten Fehler, nicht nur bei mehrsprachigen Schülern (vgl. Abschnitt „Sprachliche Besonderheiten der deutschen Sprache", S. 16–38).

Ein gutes Ergebnis beim Erlernen des Kasussystems mit gleichzeitiger grammatischer Analyse erreichen Sie, wenn Sie den Schülern **Übungen mit Analogiebildungen** anbieten. Mit diesen Übungen können die Schüler das Kasussystem selbst erschließen, sprachliche Muster lernen und vergleichen und Hypothesen über sprachliche Strukturen eigenständig entwickeln.

Deutsch

Eine **Übung zum Akkusativ** könnte in diesem Fall so aussehen:

- Zunächst schreiben die Schüler die Sätze auf. Die Satzstrukturen werden dadurch implizit geübt.
- Ist eine gewisse Sicherheit vorhanden, können die Schüler selbstständig Sätze bilden.
- Im nächsten Schritt vergleichen und analysieren die Schüler die Veränderungen. Durch diese Entdeckungen können dann auf der Metaebene sprachliche Strukturen reflektiert und analysiert werden.

BEISPIELE

Verben, die den Akkusativ regieren

- ansehen
- erleben
- beachten
- verhindern
- befürchten
- fortsetzen
- genießen
- …

BEISPIEL

Tabelle zur Akkusativ-Übung

Nominale Einheit 1	Verb	Nominale Einheit 2
Der Schüler	kauft	das neue Buch
Er	liest	die neuen Bücher
Die alte Frau	…	die Zeitschrift
Sie		die Zeitschriften
Die Kundin		die Karte
Sie		die Karten
…		…

Eine entsprechende Tabelle können Sie zur **Übung des Dativs** erstellen. Suchen Sie sich dazu Verben, die den Dativ regieren und erstellen Sie neue Tabellen.

Deutsch

BEISPIELE

Verben, die den Dativ regieren:
- antworten
- schenken
- geben
- bringen
- befehlen
- folgen
- helfen
- verzeihen
- …

BEISPIEL

Tabelle zur Dativ-Übung		
Nominale Einheit 1	**Verb**	**Nominale Einheit 2**
Der Schüler Er Die alte Frau Sie Die Kundin Sie …	antwortet …	dem Vater. dem Lehrer. ihm. der Mutter. der Verkäuferin. ihr. den Lehrern. ihnen.

„Kleine Wörter"

Im Grammatikunterricht wird den **„kleinen" Wörtern**, z. B. den **Präpositionen**, viel zu wenig Bedeutung beigemessen. Gerade diese Wörter sind bedeutungstragend und besonders für mehrsprachige Schüler schwer zu erlernen. Präpositionen lassen sich nur im Kontext erlernen (vgl. Abschnitt „Sprachliche Besonderheiten der deutschen Sprache", S. 16–38). Sie können den Kasus eines Objekts regieren. Mit **Übungen zur Analogiebildung** lernen die Schüler, das Objekt zu bestimmen, dessen Kasus zu analysieren und die Bedeutung der Präposition zu erfassen.

Deutsch

Mit einer Tabelle wie bei den Deklinationsübungen können Ihre Schüler auch den **Gebrauch der Wechselpräpositionen** trainieren.

BEISPIELE

Tabellen zur Übung von Wechselpräpositionen

Nominale Einheit 1	Verb	Präposition	Nominale Einheit 2
Das Buch Es Der Teller ...	liegt ...	auf, unter, hinter, vor, neben	dem Tisch. der Kommode. dem Regal. den Heften. ...

Nominale Einheit 1	Verb	Nominale Einheit 2	Präposition	Nominale Einheit 3
Ich Die Schüler ...	lege legen ...	das Buch die Bücher den Bleistift die Mappe ...	auf, unter, hinter, vor, neben	den Tisch. die Kommode. das Regal. die Hefte. ...

Mathematik

Im Fach Mathematik gibt es nicht nur eine Sprache, sondern die Schüler werden mit **verschiedenen Sprachebenen** konfrontiert:

- **Alltagssprache/Umgangssprache** verlangt keine hohe sprachliche Kompetenz und wird von den Schülern in der Regel beherrscht. Die folgenden Äußerungen gehören zu diesem sprachlichen Register.

BEISPIELE

- „Was hast du da rausgekriegt?"
- „Nein, das geht nicht."
- „Das kapier ich nicht."
- „Du musst das so rechnen."

- **Bildungssprache:** Die im Lehrplan geforderten prozessbezogenen Kompetenzen, wie Argumentieren/Kommunizieren, Problemlösen und Modellieren, verlangen sprachliche Kompetenzen, die die Schüler im Unterricht erlernen müssen. Ebenso müssen sie die sprachlichen Muster lernen, die für die Ausführung folgender „Befehle" benötigt werden:
  - begründen
  - argumentieren
  - überprüfen
  - vergleichen
  - darstellen
  - beurteilen
  - interpretieren

Diese „Befehle" werden in der Fachdidaktik als **Operatoren** bezeichnet. Für die mit den Operatoren verbundenen unterschiedlichen Sprachhandlungen müssen Sprachmuster zur Verfügung gestellt und eingeübt werden. Aktuelle Untersuchungen belegen, dass das Nichtverstehen bildungssprachlicher Begriffe oftmals den Prozess des Mathematisierens verhindert. Dazu gehören neben den Operatoren auch viele andere bildungssprachliche Begriffe.

Mathematik

BEISPIELE

- vermehren
- vermindern
- durchschnittlich
- wahrscheinlich
- verschieden
- die Kosten
- das Skonto
- die Laufzeit
- der Rechnungsbetrag
- …

- **Fachsprache:** Den durch die Fachsprache ausgedrückten mathematischen Sachverhalt können die Schüler nur durch die Erklärung des Fachwortschatzes im Kontext verstehen. Bedeutungsinterferenzen müssen thematisiert werden.

BEISPIELE

- gleichnamiger Bruch
- Term
- Dezimalzahl
- …

- **Symbolsprache:** Die Symbolsprache enthält wichtige Informationen, die in Verbalsprache übersetzt werden müssen. Symbolsprache unterscheidet sich von Bildungssprache dadurch, dass sie meist nur für innermathematische Zusammenhänge ohne außermathematische Bezüge benutzt wird. Die Brücke zwischen dem außermathematischen und dem innermathematischen Zusammenhang ist die Sprache. Mathematisches Verstehen kann nur entstehen, wenn Schüler ihre Gedanken in Sprache fassen können. Auch diese Fähigkeit muss im Unterricht geübt werden.

BEISPIELE

- $a + b = c$
- $(a + b) \cdot (a - b) = a^2 - b^2$
- …

Im Folgenden erfahren Sie, wie Sie Ihren Mathematikunterricht sprachfördernd gestalten können.

Mathematik

FACHWORTSCHATZ ÜBEN

Stellen Sie, bevor Sie ein neues Thema beginnen, eine **Wortschatzliste** mit wichtigen und für die Bearbeitung notwendigen Fachbegriffen und bildungssprachlichen Begriffen zusammen. Sie können diese Liste den Schülern als Wortspeicherplakat oder/und als Arbeitsblatt zur Verfügung stellen.

Sehr hilfreich ist es, die **Bedeutung der Begriffe mit den Schülern** zusammen zu **erarbeiten**. Lassen Sie die Bedeutung der Begriffe von den Schülern mehrmals wiederholen, indem die Schüler z. B. die Bedeutung der Begriffe anhand anderer Zahlenbeispiele durch sprachliche Expansion erläutern müssen.

BEISPIEL

Bedeutung der Begriffe Bruchrechnung/Brüche

„Ich habe drei Kinder und soll an diese drei Kinder gleichmäßig zwei Äpfel verteilen. Das geht nur, wenn ich die ganzen Äpfel teile. Brüche entstehen bei der Teilung eines oder mehrerer Ganzer."

BEISPIEL

Wortschatzliste zum Thema Bruchrechnung

mathematischer Begriff	Was bedeutet dieser Begriff?	Ein Beispiel
der Bruch	Brüche sind Teile ganzer Zahlen. Ein Bruch gibt das Verhältnis des Ganzen und der einzelnen Teile an.	
der Zähler		
der Nenner		
der echte Bruch		
der unechte Bruch		
die gemischte Zahl		
gleichnamige Brüche		
ungleichnamige Brüche		
der Dezimalbruch		

die Dezimalzahl		
der Kehrwert		
erweitern		
kürzen		
Brüche addieren		
Brüche subtrahieren		
Brüche multiplizieren		
Brüche dividieren		
Brüche gleichnamig machen		
der gemeinsame Nenner		

Wenn Sie diese Wörterlisten als Arbeitsblatt zur Verfügung stellen, können Sie dieses um eine Spalte erweitern. Hier könnten die Schüler dann die **herkunftssprachliche Bedeutung** eintragen.

BEDEUTUNGSINTERFERENZEN UMGANGS-/FACHSPRACHE

Ebenso wichtig wie das Üben des Fachwortschatzes ist es, dass Sie die **Bedeutungsinterferenzen zwischen der fachsprachlichen und der umgangssprachlichen Bedeutung** klären bzw. sie genau herausarbeiten.
Die meisten Ihrer Schüler werden die Begriffe im umgangsprachlichen Kontext schon einmal gehört haben, sodass auf den ersten Blick keine Verständnisprobleme bestehen. Diese sprachliche und gedankliche Ungenauigkeit erschwert, bzw. behindert jedoch den Prozess des Mathematisierens.

Auch hier bietet es sich an, **Wortschatzlisten** anzulegen und die Begriffe auf Wortspeicherplakaten und/oder Arbeitsblättern festzuhalten.

Mathematik

Wörterliste zum Thema Körper		
Begriff	**umgangssprachliche Bedeutung**	**fachsprachliche Bedeutung**
der Körper		
die Figur		
der Zylinder		
die Pyramide		
der Kegel		
das Netz		
die Ecke		
die Kante		
der Flächeninhalt		
der Inhalt		
das Volumen		

PRÄPOSITIONEN IM KONTEXT KLÄREN

Wenn die **Bedeutung von Präpositionen in einem konkreten Kontext** nicht verstanden wird, kann der Prozess des Mathematisierens oft gar nicht erst beginnen. Präpositionen stellen besonders für mehrsprachige Schüler eine große Schwierigkeit dar, da diese Wortart entweder in der Herkunftssprache gar nicht vorkommt (z. B. im Türkischen) oder aber sie werden anders realisiert. Die Bedeutung kann nur im konkreten Kontext geklärt werden (vgl. Abschnitt „Sprachliche Besonderheiten der deutschen Sprache", S. 16–38)

BEISPIEL

Ein Bauer verbraucht am Montag 340 kg Mehl, am Dienstag 356 kg Mehl, am Mittwoch 625 kg Mehl, am Donnerstag 520 kg Mehl und am Freitag 359 kg Mehl. Über wie viel kg Mehl verfügt er am Ende der Woche, wenn er zu Beginn der Woche 2 800 kg Mehl zur Verfügung hatte?

Mathematik

Versteht ein Schüler die Bedeutung der Präposition „über" in diesem Kontext („über etwas verfügen") nicht, ist er nicht in der Lage, den mathematischen Sachverhalt zu ermitteln. Die Präposition „über" hat in folgenden Kontexten z. B. eine völlig andere Bedeutung:

- … ein Rechnungsbetrag **über** 550 €
- … **über** dem Jahresdurchschnitt

Wenn die Bedeutung der Präpositionen für das Verständnis der mathematischen Operation eine Schlüsselposition einnimmt, lassen Sie die Präposition unterstreichen **und die jeweilige Bedeutung im Kontext klären**.

SCHLÜSSELWÖRTER IDENTIFIZIEREN

Sehr oft sind es „kleine" Wörter, die die richtige Rechenart identifizieren.

BEISPIEL

„Ein Bratenstück wiegt 6,280 kg. Der Fleischer schneidet davon 4 Schnitzel zu je 150 g ab. Wie viel Kilogramm Bratenfleisch bleiben noch übrig?"

(Quelle: Fokus Mathematik, Gymnasium Kl. 5, Hessen, Cornelsen 2011, S. 46)

In dieser Aufgabe muss die Rechenart Multiplikation durch die Wörter „zu je …" und die Rechenart Subtraktion durch die Wörter „davon" und „noch übrig" identifiziert werden.

Vergewissern Sie sich daher, ob Ihre Schüler die **Bedeutung der Schlüsselwörter** verstehen. Lassen Sie die Wörter unterstreichen, legen Sie eine Tabelle an.

BEISPIEL

Schlüsselwörter für die Grundrechenarten	
Rechenart	Schlüsselwörter
Addition	dazu, außerdem, noch, zusammen, insgesamt
Subtraktion	davon, von denen
Multiplikation	jeder, jede, je, pro, alle, jeweils, sechsfach
Division	jeder Fünfte, auf je …, durchschnittlich pro …

Mathematik

BEGRIFFE KLÄREN

Sie müssen nicht nur die Bedeutung von mathematischen Fachbegriffen klären, denn oftmals ist den Schülern die **Bedeutung von vielen anderen Begriffen und Redewendungen** ebenfalls nicht klar. Das betrifft v. a. bildungssprachliche Ausdrücke, die Ihre Schüler bisher in ihrem alltagssprachlichen Kontext noch nicht erworben haben.

Da zu diesem Bereich sehr viele Begriffe gehören können, ist es wichtig, dass diese **schon bei der Unterrichtsplanung** in den Fokus genommen werden und dass auch im Mathematikunterricht eine Kultur des Nachfragens herrscht (vgl. Abschnitt „Sprechen und Zuhören", S. 66–69).

BEISPIELE

Bildungssprachliche Begriffe sind z. B.:

- Wörter, die Verhältnisse zwischen zwei oder mehreren Elementen angeben, wie durchschnittlich, wahrscheinlich, verhältnismäßig, anteilmäßig, proportional usw., werden umgangssprachlich kaum benutzt, sodass Sie hier mit Verständnisschwierigkeiten rechnen müssen.
- Beim Thema Zinsrechnung gehören sicherlich Begriffe wie Skonto, Rabatt, Zinsen, Kalkulation, Erlös etc. dazu.
- Allgemeine Äußerungen, wie:
  - Schließlich ergibt sich die Gleichung …
  - Gib die Formel an, …
  - Verkompliziere einen einfachen Term ähnlich wie im Beispiel …

LEBENSWIRKLICHKEIT BERÜCKSICHTIGEN

Ein **allgemeines Weltwissen** können Sie nicht nur bei Schülern, die neu in Deutschland sind, nicht voraussetzen. Auch Schülern mit deutscher Muttersprache ist z. B. Wissen über Geografie oder Geschichte in entfernteren Bundesländern fremd.

Mit derartigen Aufgaben dürfen die Schüler nicht allein gelassen werden. Der **Kontext und die Begriffe** müssen im Unterricht erarbeitet werden.

Mathematik

BEISPIEL

Der Hindelanger Klettersteig ist die schwierigste Route des Allgäu. Von 840 m über dem Meeresspiegel steigt man um 1 130 m auf zur „Heubatspitze", von da 120 m hinunter zur „Daumenscharte" und dann wieder 400 m hinauf zum „Großen Daumen". Wie hoch ist dieser Gipfel?

(Quelle: Fokus Mathematik, Gymnasium, Kl. 5, Hessen, Cornelsen, 2011, S. 64)

Um diese Textaufgabe lösen zu können, müssen folgende Begriffe bekannt sein:

- Klettersteig
- Meeresspiegel
- Gipfel
- Route hinuntersteigen
- Route hinaufsteigen

Außerdem müssen die Schüler die folgenden geografischen Bezeichnungen einordnen können:

- Allgäu
- Hindelang
- Heubatspitze
- Daumenscharte
- Großer Daumen

PASSIV UND AUSDRÜCKE DER ALLGEMEINGÜLTIGKEIT

Viele **Aufgaben, Aufgabenstellungen und Definitionen** sind im Passiv formuliert. Schüler verstehen Passivkonstruktionen jedoch häufig nicht (vgl. Abschnitte „Sprachliche Besonderheiten der deutschen Sprache", S. 16–38 und „Die sprachlichen Besonderheiten der Fachsprachen", S. 39–42). **Passivstrukturen und Ausdrücke der Allgemeinheit**, wie „man" und „es", sind **typische Merkmale in Fachsprachen**. Die Sprache wird unpersönlich und allgemeingültig.

Mathematik

BEISPIELE

- In einem rechtwinkligen Dreieck bezeichnet man mit Tangens den Quotienten aus der Länge der Gegenkathete eines spitzen Winkels und der Länge seiner Ankathete.

(Quelle: Zahlen und Größen, Kl. 10, Gesamtschule NRW. Cornelsen, 2002, S. 94)

- Zum Messen des Flächeninhalts werden Einheitsquadrate verwendet …

(Quelle: Fokus Mathematik, Kl.5. Cornelsen 2011, S. 138)

Vergewissern Sie sich, ob Ihre Schüler diese sprachlichen Formen verstehen. Wenn das nicht der Fall ist, lassen Sie die Schüler die Sätze ins Aktiv setzen.

BEISPIELE

- Terme werden von links nach rechts berechnet.
- Was musst du tun? Ich rechne …

- Zahlen können mithilfe von Stellenwerttafeln dargestellt werden.
- Wie kannst du Zahlen darstellen, abbilden, aufschreiben? Ich kann …

Geben Sie zusätzlich zum Schreiben Satzmuster vor:

BEISPIELE

- Wenn man eine Zahl …
- Es gilt …

Mathematik

TEXTVERKNÜPFUNGSMITTEL

Die Sprache der Mathematik ist sehr präzise und auf Logik bedacht. Texte und Merksätze sind sprachlich sehr knapp formuliert.
Um diese Texte und Merksätze verstehen zu können, müssen Schüler verstehen, wie die **Beziehungen zwischen den einzelnen Sätzen** hergestellt werden.

Diese Beziehungen werden durch **Textverknüpfungsmittel, wie Pronomen, Adverbien, Partikel und Synonyme,** realisiert. Diese Textverknüpfungsmittel unterscheiden sich z. B. in der deutschen und in der türkischen Sprache erheblich.
Wenn Schüler die richtige Zuordnung nicht vornehmen können, kann es aus sprachlichen Gründen gar nicht zum Prozess des Mathematisierens kommen.

Pronomen

Benholz (2010) erklärt, dass insbesondere **Pronomen** für mehrsprachige Schüler **ein großes Problem** beim Lesen von Texten seien. Das liege daran, dass die Jugendlichen nicht genau wüssten, welches Geschlecht und welchen Fall das Bezugswort hat. Daher könnten sie keine Verbindung von Personal- oder Possessivpronomen und dem Wort herstellen und verstehen die Ersetzung nicht.

BEISPIEL

Hier ist ein Höhenprofil des Landes Israel mit angrenzendem Westjordanland abgebildet. Lies die Höhen der angegeben geografischen Orte aus dem Höhenprofil ab und trage sie in eine Tabelle ein.

(Quelle: Fokus Mathematik, Gymnasium, Kl. 5, Hessen, Cornelsen 2011, S. 69)

„Sie" konnte sich hier auf die Höhen und auf die Orte beziehen.

Auch **in Knobelaufgaben** kommen häufig Pronomen vor.

BEISPIEL

Katrin denkt sich eine Zahl. Wenn sie zu ihr die Summe aus 345 und 523 addiert, erhält sie die gesuchte Zahl. Wie heißt ihre Zahl?

Wer ist gemeint? Sie – Katrin oder die Zahl? Ihr/ihre – Katrin oder die Zahl?

Mathematik

Sie können daher bei solchen Formulierungen folgendermaßen vorgehen:

- Üben Sie die Zuordnung Nomen – Pronomen:
  - Fragen Sie, worauf sich das Pronomen „sie" bezieht.
  - Markieren Sie die Zuordnung Nomen – Pronomen farblich.
  - Fragen Sie die Schüler, worauf sich das Pronomen noch beziehen könnte.
  - Lassen Sie die Pronomen die entsprechenden Nomen ersetzen.

Adverbien

Sätze oder Textabschnitte können durch **Adverbien** verbunden werden.

BEISPIELE

- dazu
- hierfür
- so
- daraus
- …

Die **Bedeutung** der Satzadverbien kann **nur über den Kontext** und nicht mit grammatischem Wissen erschlossen werden. Wenn die Bedeutung des Adverbs falsch gedeutet wird, kann der Schüler die Aufgabe aus rein sprachlichen Gründen nicht lösen.

BEISPIEL

Ordne die Zahlen der Größe nach. Hierfür musst du einen Zahlenstrahl in dein Heft zeichnen.

Das Adverb „hierfür" können Schüler falsch im Sinne von „zusätzlich" verstehen.

Um falsche Deutungen zu vermeiden, können Sie so vorgehen:

- Lassen Sie die Schüler Adverbien immer durch Expansion erklären, d. h., dass Sie die Aufgabe umschreiben lassen sollten.
- Lassen Sie die Schüler genau erklären, worauf in der Aufgabe Bezug genommen wird.

Mathematik

MATHEMATISCHES LESETRAINING

Auch im Mathematikunterricht sollten Sie die Lesekompetenz, z. B. das **Lesen von Textaufgaben** durch die **Anwendung von Lesestrategien** (vgl. Abschnitt „Lesestrategien", S. 70–81) fördern.
Wichtig ist, dass die Schüler lernen, beim Lesen eines Textes **mathematische von nichtmathematischen Informationen zu unterscheiden**.
Der Wortschatz und die Textverknüpfungsmittel müssen natürlich ebenfalls geklärt werden.

BEISPIEL

Beim Schulfest unter dem Motto „Alles X oder was?" wollen die Schüler der 6. Klassen auf der Bühne in der Aula einen Showtanz aus dem Kindermusical „Magic X in Wonderland" aufführen.
Dafür müssen sie sich in parallelen Reihen so aufstellen, dass ein Quadrat entsteht.
Links und rechts wird jede Reihe des Quadrats um je vier Kinder aus den 5. Klassen ergänzt, die Fähnchen mit dem Schullogo schwingen.
Leander und Wilma aus der 6c und 6d übernehmen die Leitung der Aufführung. Sie schätzen, dass zwischen 150 und 190 Schüler teilnehmen werden.
Nun müssen die beiden folgende Frage beantworten: Wie viele Reihen können aufgrund dieser Anzahl gebildet werden und wie viele Kinder nehmen dann genau teil?

(Quelle: Fokus Mathematik, Gymnasium, Kl. 6, Hessen, Cornelsen, 2011, S. 212)

Damit die Schüler die Aufgabe richtig lösen, können Sie die folgende Übung zum Textverständnis voranstellen:

- Unterstreiche im Text alles, was mit Mathematik zu tun hat!
- Erkläre, was die beiden Adverbien „dafür" und „nun" in diesem Text bedeuten. Schreibe jeweils dazu einen Satz.
- Kreuze die richtigen Sätze an:
  - ☐ Die Schüler kennen die genaue Anzahl der Reihen.
  - ☐ Die Schüler kennen die genaue Anzahl der Reihen nicht.
  - ☐ Es stehen 4 Kinder aus der Klasse 5 in der 1. Reihe.
  - ☐ Es stehen 8 Kinder aus der Klasse 5 in der 1. Reihe.
  - ☐ Nur die Kinder aus der 6. Klasse müssen ein Quadrat bilden.
- Fertige eine Skizze an.

Mathematik

SCHREIBEN VON SACHAUFGABEN

Durch das **Schreiben fördern Sie sowohl die mathematischen als auch die sprachlichen Fähigkeiten** Ihrer Schüler. Schreiben sollte deshalb fester Bestandteil des Mathematikunterrichts sein.

Geben Sie den Schülern dazu Hilfen: **Strukturieren** Sie den Schreibprozess. Wenn die Schüler Antworten schreiben oder Lösungen begründen müssen, **entlasten** Sie den Schreibprozess, indem Sie Satz- und Textmuster vorgeben. Diese können Sie den Schülern auf Arbeitsblättern, als Tafelanschriften oder auf Plakaten zur Verfügung stellen.

Schreibübungen könnten dann so aussehen:

- Geben Sie Ihren Schüler häufig Gelegenheiten, Textaufgaben eigenständig zu verfassen. Strukturieren Sie aber den Schreibprozess.
- Geben Sie eine Beispielaufgabe vor. Anhand des Textgerüstes schreiben die Schüler dann eigene Aufgaben. Durch diese Struktur wiederholen sie die mathematische Operation. Der Gedankengang und die sprachlichen Muster schleifen sich gleichzeitig ein.

BEISPIEL

Herr Schmitz war beim Zahnarzt. Von dem Rechnungsbetrag über 650 € zahlt seine Krankenkasse 65 %, den Rest muss Herr Schmitz selbst bezahlen.

(Quelle: Fokus Mathematik, Gymnasium, Kl. 6, Hessen, Cornelsen, 2011, S. 177)

Hier könnten Schüler **eigene Aufgaben entwickeln**, indem sie andere Zahlen einsetzen, und/oder einen anderen Kontext wählen. Geben dazu ein Gerüst vor:

BEISPIEL

Herr/Frau ____________________ war ____________________.

Von dem Rechnungsbetrag über ______________ € zahlt ________ %

____________________, den Rest ____________________.

Naturwissenschaften (Biologie, Physik, Chemie)

Wenn Sie in den Fächern des naturwissenschaftlichen Lernbereichs – Physik, Chemie, Biologie oder Technik – unterrichten, haben Sie vielleicht bisher nur wenig an den Bereich Sprachförderung gedacht. Da Sprachförderung jedoch eine Aufgabe für die gesamte Schule ist (vgl. Abschnitt „Was bedeutet Sprachförderung in allen Fächern?", S. 130), sollte **auch dieser Fachbereich** mit einbezogen werden.
In diesem Abschnitt erfahren Sie daher einiges über die **fachsprachlichen Besonderheiten der Fächer** und **die sprachlichen Mittel**, die Ihre Schüler benötigen, um in diesen Fächern adäquat sprachlich handeln zu können.

Zu den **wichtigsten Sprachhandlungen** im naturwissenschaftlichen Lernbereich gehören die folgenden Bereiche:

- Berichten
- Erzählen
- Zusammenfassen
- Beschreiben
- Vergleichen
- Erklären
- Begründen
- Argumentieren

Diese Sprachhandlungen werden in der Fachliteratur als **Operatoren** bezeichnet. Operatoren verlangen immer bildungssprachliche Register, die Register der konzeptionellen Schriftlichkeit. Diese werden **umgangssprachlich nicht erworben** (vgl. Abschnitt „Welche Sprachen werden in der Schule gesprochen?", S. 13–15) und stellen somit besonders für Schüler mit Migrationshintergrund ein Lernhindernis dar, wenn sie nicht parallel mit den Fachinhalten vermittelt werden. Im Unterricht kommen die Operatoren in mündlichen Phasen und beim Verfassen von Texten, z. B. Versuchsprotokollen, Beschreiben von Diagrammen, Versprachlichungen von Lösungswegen vor.

Ihre Schüler müssen im naturwissenschaftlichen Fachunterricht außerdem geschult werden, schwierige **Schulbuch- oder Fachtexte zu lesen und zu verstehen**.

Naturwissenschaften (Biologie, Physik, Chemie)

DIE SPRACHLICHEN BESONDERHEITEN DER FACHSPRACHE

Den Schülern sollten Sie zu jeder Unterrichteinheit den **Fachwortschatz** entweder in Form eines Arbeitsblattes oder eines Wortspeicherplakates **zur Verfügung stellen**. Wie in anderen Fächern ist es günstig, den Wortschatz zusammen mit den Schülern zu erarbeiten.

BEISPIEL

Wortschatzliste zum Thema Mikroskop

naturwissenschaftlicher Begriff	Was bedeutet dieser Begriff?	Ein Beispiel
das Mikroskop	Ein Mikroskop ist ein Gerät, mit dem man Dinge vergrößert sehen kann	
das Lichtmikroskop		
der Objekttisch		
der Objektträger		
das Okular		
der Tubus		
die Blende		
das Präparat		
die Linse		
der Spiegel		
die Objekttischklammer		
die Lichtquelle		
die Pinzette		
die Tropfpipette		
einstellen, stelle … ein		
auflegen, lege … auf		
einschalten, schalte … ein		
drehen am …		
scharfes Bild		
durchfallen, Das Licht fällt durch …		

Naturwissenschaften (Biologie, Physik, Chemie)

Geben Sie, wenn möglich, Ihren Schülern die Gelegenheit, den Wortschatz **auch ihrer jeweiligen Muttersprache** zu präsentieren und zu üben.
Eine Übersicht über allgemeine, typische Besonderheiten von Fachsprachen finden Sie im 1. Teil des Buches (vgl. Abschnitt „Die sprachlichen Besonderheiten der Fachsprachen", S. 39–42)

BEDEUTUNGSINTERFERENZEN UMGANGS- UND FACHSPRACHE

Die fachsprachliche Bedeutung vieler Begriffe im naturwissenschaftlichen Lernbereich unterscheidet sich von der umgangssprachlichen Bedeutung. Die exakte fachsprachliche Bedeutung muss deshalb genau herausgearbeitet werden.

BEISPIEL

Wortliste zum Thema: Sinne und Wahrnehmung – Sehen		
Begriff	**umgangssprachliche Bedeutung**	**fachsprachliche Bedeutung**
die Zelle		
die Linse		
die Blende		
der Glaskörper		
die Hornhaut		
die Lederhaut		
das Objekt		
der Impuls		
die (Licht-)Quelle		
der Reiz		
der gelbe Fleck		
ausbreiten		
scharf		

Naturwissenschaften (Biologie, Physik, Chemie)

PLANUNGSRASTER FÜR EINEN SPRACHSENSIBLEN NATURWISSENSCHAFTLICHEN UNTERRICHT

Wenn Sie mit der Planung einer neuen Unterrichtsreihe beginnen, sollten Sie sich zunächst folgende **Fragen stellen**:

- Welches fachliche Lernziel/welche fachlichen Lernziele verfolge ich?
- Welche Medien und Methoden, welche Unterrichtsorganisation wähle ich aus?
- Welche Sprachhandlungen (beschreiben, begründen, präsentieren, argumentieren …) müssen die Schüler ausführen? Müssen die Schüler diese Sprachhandlungen mündlich und/oder schriftlich vollbringen?
- Welche sprachlichen Mittel werden dazu benötigt?

Bei der konkreten Planung sollten Sie dann folgende **Punkte beachten**:

- Listen Sie die benötigten sprachlichen Mittel der Wortebene, der Satzebene und der Textebene genau auf.
- Formulieren Sie parallel zu dem fachlichen Lernziel/den fachlichen Lernzielen die sprachlichen Lernziele.
- Formulieren Sie nicht mehr als drei sprachliche Lernziele. Überlegen Sie genau, welche sprachlichen Mittel für das jeweilige Thema die bedeutsamsten sind.

BEISPIEL

Aus dem Fach Chemie.

- ✦ Das fachliche Lernziel lautet: Die Schüler erklären die Aggregatzustände des Wassers und die Übergänge zwischen den Aggregatzuständen anhand des Teilchenmodells.
- ✦ Das fachliche Lernziel mit dem integrierten sprachlichen Lernziel lautet:
  - Die Schüler erklären die Aggregatzustände des Wassers und die Übergänge zwischen den Aggregatzuständen anhand des Teilchenmodells.
  - Die Schüler verwenden Kausal- und Konditionalsätze.
  - Die Schüler verwenden folgende fachsprachliche Begriffe:
    - Nomen: Aggregatzustand, feste, flüssige und gasförmige Stoffe
    - Verben: verdampfen, kondensieren, schmelzen, erstarren, sublimieren, resublimieren und deren Nominalisierung, wie Verdampfung, Kondensation etc.

Naturwissenschaften (Biologie, Physik, Chemie)

Die **Kompetenz, naturwissenschaftliche Texte zu lesen und zu schreiben**, muss systematisch aufgebaut und sollte in jeder Unterrichtsreihe weiter entwickelt werden.
Wenn die Schüler **zum ersten Mal mit einer Textsorte** konfrontiert werden, sollte viel Zeit für die **Einübung der typischen sprachlichen Phänomene** dieser Textsorte zur Verfügung stehen.
Der typische Aufbau, typische sprachliche Mittel, die Verwendungssituation und entsprechenden Texterschließungsstrategien müssen mit den Schülern erarbeitet werden. Dazu stellen Sie den Schülern Hilfen zur Verfügung, bauen also Gerüste. (vgl. Abschnitt „Scaffolding", S. 112–116). Haben die Schüler die grundlegende Struktur der Textsorte verstanden, gilt es jetzt, dieses Wissen anzuwenden und zu üben.
Wenn Sie hier Zeit investieren und mit den Schülern sorgfältig und gründlich arbeiten und das Gelernte auch in späteren Unterrichtsreihen wiederholen, wird eine **erfolgreiche Verbindung von sprachlichem und fachlichem Lernen** gelingen. Diese veränderte Sicht auf Unterricht kommt allen Kindern zu Gute.

Die Jahrgangsstufenteams oder -konferenzen sollten hierzu Absprachen und die Arbeit koordinieren.

Naturwissenschaften (Biologie, Physik, Chemie)

Fachliche und sprachliche Lernziele	Medien/ Methoden Unterrichts-organisation	Sprachhand-lungen mündlich/ schriftlich	Sprachliche Mittel
	Medien: Kontinuierliche Texte, Bilder, Realien, Diskontinuierliche Texte, z. B. Diagramme, Skizzen, Messdaten … **Methoden:** Lehrervortrag, Schülervortrag, Experimente, Texten lesen, und schreiben, Diskussion **Unterrichts-organisation:** Einzelarbeit, Partnerarbeit, Gruppenarbeit	darstellen formulieren beschreiben Hypothesen aufstellen protokollieren begründen interpretieren erschließen präsentieren argumentieren erläutern benennen unterscheiden	**Wortebene** Fachwortschatz, Nominalisierungen, Komposita, Fremdwörter, Bedeutungs-interferenzen, besondere Verben/Adjektive, Konjunktiv **Satzebene** Nebensatz-konstruktionen z. B. Kausal-, Konditional- Konsekutiv-, Finalsätze, Verschachtelungen, Inversionsstellung, Verbklammer, Passiv, Ausdrücke der Unpersönlichkeit (man, es) **Textebene** Textverknüpfer: Pronomen, Konjunktionen, Adverbien

Naturwissenschaften (Biologie, Physik, Chemie)

VERSUCHSPROTOKOLLE SCHREIBEN

In allen naturwissenschaftlichen Fächern werden die Schüler mit der **Textsorte Versuchsprotokoll** konfrontiert: Die Schüler notieren, wie sie das Experiment durchgeführt und ausgewertet haben.

Dazu muss im sprachsensiblen Unterricht zudem die **Vorbereitung des Versuchs** besonders beachtet werden. In der Regel müssen Schüler, bevor sie oder der Lehrer einen Versuch durchführen, ihre Vermutungen dazu äußern. Dazu sollten Sie den Schülern **Satzanfänge** zur Verfügung stellen.

BEISPIELE

- Ich vermute, dass …
- Es könnte sein, dass …
- Vielleicht ist/sind …
- Ich weiß, dass das … Also müsste hier …
- Auf keinen Fall/jeden Fall …
- Ich erwarte, dass …

Die **Auswertung** der Versuche sollte folgendermaßen **sprachlich begleitet** werden:

- Wortschatz einüben
- Satzmuster im Präsens mit dem unpersönlichen „man“ vorgeben und einüben
- Gliederung der Protokolle vorgeben (Fragestellung, Vermutung, Material/Geräte, Durchführung, Beobachtungen, Auswertung)
- Adverbien, die den Text verknüpfen (zuerst, danach …), zur Verfügung stellen
- Beschreibung der Durchführung, Beobachtung und Auswertung vorentlasten

Naturwissenschaften (Biologie, Physik, Chemie)

Versuche sprachlich begleiten

So können Sie einen **Versuch im Fach Physik, Klasse 7, zum Thema „Licht und Schatten"**, sprachlich begleiten.

Forscherfrage: Wie verändert sich der Schatten, wenn die Lichtquelle näher an den Gegenstand herangerückt wird?

Schritt 1: Wortschatz üben

Zu Beginn jeder Unterrichtsreihe listen Sie den **themenspezifischen Wortschatz** auf. Tragen Sie die fach- und bildungssprachlichen Begriffe in eine Tabelle ein. Das erleichtert Ihnen die Unterrichtsplanung.

• Nomen	• Verben	• Adjektive	• Adverbien	• Sonstige
•	•	•	•	•
•	•	•	•	•

Führen Sie die im Abschnitt „Wortschatzarbeit", S. 104–111 beschriebenen **Methoden** nach und nach ein und geben Sie diese den Schülern als Werkzeug an die Hand. Suchen Sie zu jedem Thema ein oder zwei **Bereiche** aus, die Sie gezielt üben. Da für die Bearbeitung dieses Themas viele Komposita gebraucht werden, bietet es sich an, diese sprachliche Besonderheit (vgl. Abschnitt „Sprachliche Besonderheiten der deutschen Sprache, S. 16–38) hier gezielt zu üben. Dazu besteht die Möglichkeit, dass Sie ein **Arbeitsblatt oder eine Tafelanschrift** nach folgendem Muster erstellen.

Naturwissenschaften (Biologie, Physik, Chemie)

BEISPIEL

Zusammengesetztes Nomen	Woraus setzt sich das Nomen zusammen?
• die Lichtquelle	• das Licht + die Quelle
• die Lichtausbreitung	•
• der Lichtstrahl	•
• der Randstrahl	•
• die Schattenhöhe	•
• die Schattenbreite	•
• der Halbschatten	•
• der Kernschatten	•
• die Schattenbildung	•
• die Ausbreitung	•
• punktförmig	•
• undurchsichtig	•
• gradlinig	•

Aufgabe:
Schreibe die Bedeutungen der Begriffe in dein Heft:
- Eine Lichtquelle ist …
- Lichtausbreitung bedeutet …
- …

Schritt 2: Versuchsdurchführung beschreiben
Die hier notwendigen sprachlichen Muster gelten im Prinzip für alle Versuchsbeschreibungen. Eine entscheidende Rolle spielen **Adverbien**. Geben Sie Satzmuster für die Beschreibung auf Arbeitsblättern, Wortspeicherplakaten, durch Tafelanschriften etc. vor. Achten Sie darauf, dass die Schüler die Versuchsdurchführung im unpersönlichen „man" schreiben.

Naturwissenschaften (Biologie, Physik, Chemie)

BEISPIELE

- ✦ Zuerst/als erstes ordnet man …
- ✦ Als nächstes … man …
- ✦ Dann … man
- ✦ Schließlich … man …
- ✦ Nun … man …
- ✦ Danach … man …
- ✦ Am Ende … man …
- ✦ Als letztes … man …

Schritt 3: Beobachtungen notieren
Hier sind besonders Konsekutiv- und Konditionalsätze wichtig.

BEISPIELE

- ✦ Man sieht, dass …
- ✦ Man beobachtet, dass …
- ✦ Wenn …, dann …

Schritt 4: Auswertung beschreiben
Hier sind Konsekutiv- und Konditionalsätze wichtig.
Auch dazu sollten Sie Satzanfänge vorgeben.

BEISPIELE

- ✦ Jetzt weiß man, dass …
- ✦ Die Auswertung des Versuchs hat ergeben, dass …
- ✦ Aus den Beobachtungen kann man schließen, dass …

Wenn die Klasse **zum ersten Mal ein Versuchsprotokoll** beschreibt, sollten die Punkte 1–4 in Teilschritten geübt werden.
Wenn die Schüler hingegen mit der Textform Versuchsprotokoll vertraut sind, wird für die meisten Schüler ein **Arbeitsblatt nach folgendem Muster** ausreichen.

Naturwissenschaften (Biologie, Physik, Chemie)

Versuchsprotokoll (1/2)

Die Forscherfrage lautet:

____

____

Vermutung:

____

____

- Ich vermute, dass …
- Wahrscheinlich …

Material/Geräte:

____

____

- Für den Versuch braucht man …
- Folgende Geräte benötigt man:

Durchführung:

____

____

____

____

- Zuerst … man …
- Dann … man …
- Danach … man …
- Als Nächstes … man …
- Schließlich … man …
- Am Ende … man
- Zuletzt … man …

Naturwissenschaften (Biologie, Physik, Chemie)

Versuchsprotokoll (2/2)

Beobachtungen:

____

____

____

____

- Man sieht/beobachtet, dass …
- Wenn … sieht man, dass …

Auswertung:

____

____

____

____

- Die Auswertung des Versuchs hat ergeben, dass …
- Man weiß, dass …

Die Vermutungen waren

____

- richtig
- falsch

Naturwissenschaften (Biologie, Physik, Chemie)

Lernplakate, die im Klassenraum aufgehängt werden, sind ein sinnvolles Gerüst, das sprachliches Lernen unterstützt. Die Informationen des Plakats können die Schüler natürlich auch als Arbeitsblatt für ihre Mappe bekommen, sodass sie auch bei den Hausaufgaben oder in den Lernzeiten darauf zurückgreifen können.

BEISPIEL

Versuchsprotokolle schreiben

Grundsätzliches:
Präsens (= Gegenwart) benutzen
Unpersönliche Formen benutzen

Durchführung:
hinzufügen – man fügt hinzu
abmessen – man misst ab
aufstellen – man stellt auf
erhitzen – man erhitzt

Satzverknüpfungen:
Wenn …, dann …
Je mehr …, desto …
Nachdem …, dann …
Zuerst …, danach …

Beobachtung:
Was sieht/hört/schmeckt/riecht/fühlt man?
Was bemerkt man?
Was erkennt man?

Den Ablauf beschreiben:
Zuerst …
Dann …
Danach …
Schließlich …
Als Nächstes …
Als Letztes …
Am Ende …

Deutung/Erklärung:
Das ist so, weil …
Ein Grund dafür ist, …
Die Erklärung dafür ist …
Die Ursache ist …

(Informationen nach: Becker-Mrotzek u. a. (Hrsg.), Sprache im Fach, Waxmann, 2003. S. 290)

Naturwissenschaften (Biologie, Physik, Chemie)

TIPP

Fangen Sie in kleinen Schritten an:

- Zwei oder drei Fachkollegen entwickeln eine Unterrichtseinheit zum Thema: Versuchsprotokolle schreiben, die sowohl fachliche als auch sprachliche Lernziele integriert.
- Andere Kollegen erproben das Material.
- Danach werden die ausgearbeiteten Unterrichtsreihen allen Kollegen zur Verfügung gestellt.
- In den Jahrgangsstufenkonferenzen und den Fachkonferenzen werden dann die Planung weiterer Unterrichtsreihen und verbindliche Absprachen zur Neuorganisation des Fachunterrichts besprochen.

DIAGRAMME LESEN

Diagramme kommen in den Lehrbüchern vieler Fächer vor. Auch in den Naturwissenschaften spielt diese Textform eine **wichtige Rolle**.
Parallel zum fachlichen Lernen müssen Sie daher im Unterricht das Lesen, Verstehen und Beschreiben eines Diagramms üben. Hierzu müssen Sie den Schülern **Formulierungs- und Strukturierungshilfen** anbieten.

Gehen Sie Schritt für Schritt vor: Wenn Ihre Schüler zum ersten Mal ein Diagramm lesen und beschreiben sollen, planen Sie mehr Zeit ein und setzen Sie einen Schwerpunkt auf die **Einübung von Lese- und Schreibstrategien**. Sind diese einmal grundsätzlich verstanden, sollten Sie neben der fachlichen Richtigkeit auch auf **die Einhaltung der bildungssprachlichen Register** achten.

BEISPIEL

Chemieunterricht, Thema „Luft und Wasser"

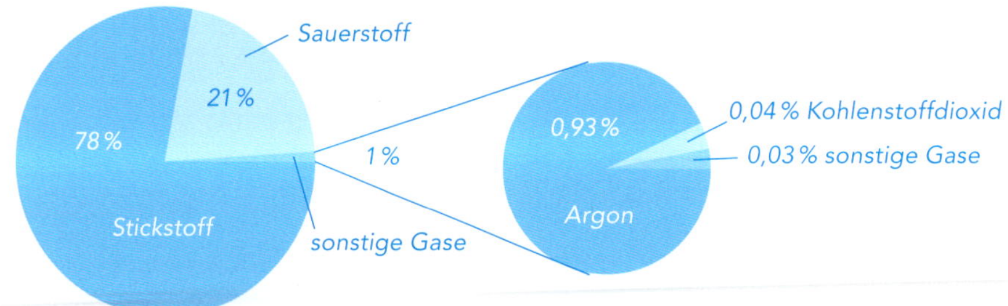

(Informationen nach: Chemie Interaktiv 1, Differenzierte Ausgabe NRW, Cornelsen, 2011, S. 112)

Naturwissenschaften (Biologie, Physik, Chemie)

Die **sprachliche und fachliche Erarbeitung** dieses Diagramms erfolgt in mehreren Schritten:

- Thema des Diagramms formulieren
- Wortschatz klären
- Art des Diagramms, Aufbau des Diagramms beschreiben
- Aussage des Diagramms sprachlich formulieren

Thema des Diagramms

Hier werden die Schüler an das Thema herangeführt, indem sie **erste Eindrücke** und ihr **Vorwissen zum Thema** formulieren. Fehlt wie bei diesem Beispiel die Überschrift, lassen Sie diese durch die Schüler formulieren.
Leitfragen für diese erste Unterrichtsphase:

- Was zeigt das Diagramm?
- Welches Thema ist durch das Diagramm dargestellt?
- Was beschreibt das Diagramm?
- Formuliere eine Überschrift!

Wortschatz klären

Hier geht es um den **Fachwortschatz** und die **für die Operatoren Beschreiben und Interpretieren erforderlichen sprachlichen Mittel**.
Der Fachwortschatz kann durch sprachliche Expansion geübt werden. Erstellen Sie dazu ein **Tafelbild oder ein Arbeitsblatt**.

BEISPIEL

Fachwort	Was bedeutet dieser Begriff genau? Beschreibe diese Begriffe in ganzen Sätzen.
der Sauerstoff	Sauerstoff ist ein Gas. Sauerstoff ist farblos und geruchlos.
der Stickstoff	
das Kohlendioxid	
die Edelgase	

Naturwissenschaften (Biologie, Physik, Chemie)

Stellen Sie darüber hinaus die **zur Beschreibung notwendigen Redemittel** zur Verfügung. Erklären Sie den Schülern, dass hier nur Ausdrücke der Allgemeingültigkeit gebraucht werden dürfen.

- Das Diagramm zeigt, dass …
- Das Diagramm beschreibt, dass …
- Das Diagramm erklärt, dass …
- Das Diagramm drückt … aus.
- Das Diagramm stellt … dar.
- Das Diagramm besteht aus …
- Das Diagramm bildet folgende Informationen ab: …

Weiterhin sind folgende Begriffe wichtig:

- der Bestandteil
- der Hauptbestandteil
- die Zusammensetzung
- ist aus … zusammengesetzt.

Das **Lesen, Interpretieren und Beschreiben von Schaubildern und Diagrammen** sollte **Schritt für Schritt** geübt werden:

- Beginnen Sie mit Schaubildern und Diagrammen, bei denen die Schüler zunächst nur die Abbildung beschreiben müssen.
- Wählen Sie dann Schaubilder und Diagramme aus, die Zusammenhänge und Veränderungen darstellen. Für die Beschreibung, Auswertung und Interpretation müssen Sie den Schülern dann weitere Formulierungshilfen geben.

Gesellschaftswissenschaften

In den gesellschaftswissenschaftlichen Fächern Geschichte, Erdkunde und Politik müssen die Schüler eine Vielzahl von Texten lesen, verstehen und interpretieren. Sie müssen die Aussagen von Quellentexten, Diagrammen, Schaubildern und Bildern analysieren, also verstehen, erklären, vergleichen, bewerten und interpretieren. Die Schüler müssen außerdem die aus den Texten gewonnenen Erkenntnisse deuten, erörtern und diskutieren.
Verstehensprozesse in den gesellschaftswissenschaftlichen Fächern sind somit immer **Transformationsleitungen von der Sprachebene der Texte in die eigene sprachliche Darstellung**.
Das ist eine hohe Anforderung, die dadurch erschwert wird, dass es so gut wie kein Material für eine sprachsensible Unterrichtsgestaltung gibt.

In diesem Abschnitt erfahren Sie kurz zusammengefasst die **besonderen Merkmale der Fachsprachen in den gesellschaftswissenschaftlichen Fächern**. Sie erfahren darüber hinaus, wie Sie einen **Quellentext im Unterricht einsetzen** und dabei **sprachliches und fachliches Lernen miteinander verbinden** können.

Folgende **fachsprachliche Charakteristika** kennzeichnen die Texte in den gesellschaftswissenschaftlichen Fächern (vgl. auch Abschnitt „Die sprachlichen Besonderheiten der Fachsprache", S. 39–42):

- **Besonderheiten auf der Wortebene:** Hier treten besonders viele Fremdwörter, Nominalisierungen, Komposita, Kollektiva, Abstrakta, ungewöhnliche Adjektive und fachspezifische Abkürzungen auf.
- **Besonderheiten auf der Satzebene:** Die Texte enthalten sehr viele Ausdrücke der Allgemeingültigkeit, Passivkonstruktionen und Passiversatzformen. Ein weiteres typisches Merkmal ist das häufige Vorkommen von komplexen Nominalgruppen, erweiterten Nominalphrasen und komplexen Attributen.
- **Besonderheiten auf der Textebene:** Die Textebene ist meist unpersönlich, sie enthält keine Erzählstruktur, ist sehr deskriptiv und hat eine hohe Informationsdichte.

Die Schüler müssen **Werkzeuge und Methoden kennenlernen**, um die komplexe Bildungssprache der Texte zu dekodieren.

Gesellschaftswissenschaften

BEISPIEL

Geschichtsunterricht, Thema: „Der Wiener Kongress"

Q1: Aus einer Flugschrift an den Wiener Kongress:
Welcher wahre Deutsche kann kalt und schläfrig abwarten, was geschehen wird? Wer fühlt sich nicht durch den Gedanken begeistert, dass der Zeitpunkt da ist, wo der Deutsche an der Donau und am Rhein den an der Elbe und Weser als seinen Mitbruder umarmen und wenn es nottut, sein Blut vergießen wird; der Zeitpunkt, wo die Herrscher der Völker … bekennen, dass diese nicht um ihretwillen, sondern sie um ihrer Völker willen da sind.

Q 2: Ein Unbekannter schieb am 10. November 1814 in einer Zeitung:
Jetzt scheint der Augenblick gekommen, wo die Nation für so viel Treue und Aufopferung eine gerechte Anerkennung ihrer Würde in einer geläuterten Verfassung erwarten darf.

(Quelle: Zitiert nach: denkmal Geschichte, Bd. 2, NRW. Schroedel, 2011, S. 244)

Bevor die Schüler Texte wie diese beiden Quellen analysieren, muss ihnen der **geschichtliche Hintergrund** im Wesentlichen bekannt sein (berücksichtigen Sie im Fach Geschichte immer auch das kulturelle Vorwissen der Schüler, vgl. Abschnitt „Seiteneinsteiger", S. 123–125). Sonst sind sie nicht in der Lage, die Quellen, die ja in einer sehr altertümlichen Sprache geschrieben sind und detaillierte Informationen enthalten, zu verstehen.
Wenn die Schüler in der Lage sind, die Quellen in den geschichtlichen Kontext einzuordnen, beginnen Sie, mit den Schülern den Wortschatz zu erarbeiten (vgl. Abschnitt „Wortschatzarbeit", S. XX). Wichtig ist, dass **Wortschatzarbeit** kein Vokabellernen ist, sondern dass das Erlernen des Wortschatzes immer in den Kontext eingebunden ist.

Die Möglichkeit, den Wortschatz an der Tafel, auf einem Wortspeicherplakat oder als Arbeitsblatt üben zu lassen, haben Sie schon kennengelernt. Die jetzt vorgestellte Möglichkeit, die **Arbeit mit Wortschatzkarten**, erfordert zunächst ein wenig mehr Aufwand, ist aber auf Dauer entlastend, wenn Sie sich in der Fachkonferenz absprechen und arbeitsteilig für wichtige Themen Wortschatzkarten vorbereiten, die dann allen Kollegen zur Verfügung stehen.

Gesellschaftswissenschaften

BEISPIEL

Wortschatzkarten zum Thema „Wiener Kongress"

die verbündeten Staaten	Staaten, die befreundet sind
der Kongress	die Versammlung
der Gesandte/die Gesandten	Vertreter eines Landes
der Wiener Kongress	…
unter zentraler Führung	
der Monarch	
die Erwartungen	
der geeinte Bundesstaat	
der nationale Staat	
der Bundesstaat	
die Flugschrift	
der wahre Deutsche	
Blut vergießen	
die Nation	
die Aufopferung	
gerechte Anerkennung	
die Würde	
die geläuterte Verfassung	

Aufgabe: Ordne den Kärtchen auf der linken Seite das jeweils passende Kärtchen auf der rechten Seite zu.

Gesellschaftswissenschaften

Sie können die **Bedeutung der Wörter** von den Schülern erarbeiten lassen oder für sehr spracharme Schüler auch vorgeben.
Die Wortkarten der linken und der rechten Spalte werden gemischt und von den Schülern wieder richtig sortiert. Sinnvoll ist hier eine Kleingruppenarbeit, damit jeder Schüler viel Zeit zum Sprechen erhält. Die Schüler erläutern der Gruppe die Wortbedeutung immer in ganzen Sätzen.

Erarbeiten Sie mit den Schülern, wie sie eine solche **Wortbedeutungserklärung durch Expansion formulieren** könnten.

BEISPIEL

Das Wort Kongress bedeutet, dass Menschen sich treffen, sich versammeln. Ein Kongress ist eine Versammlung. Dort sprechen verschiedene Menschen über ein Thema, tauschen ihre Meinungen aus. Meistens fassen sie einen Beschluss, d. h. sie einigen sich.

Anschließend sollten die Schüler die Bedeutung der Begriffe schriftlich auf ein Arbeitsblatt für ihre Mappe oder in ihr Heft schreiben.

TIPPS

- Thematisieren Sie in der Fachkonferenz die Methoden der Wortschatzarbeit. Einigen Sie sich, dass zu Beginn einer jeden Unterrichtsreihe der Wortschatz erarbeitet werden soll.
- Üben Sie mit den Schülern verschiedene Methoden der Wortschatzarbeit systematisch ein, sodass den Schülern ein immer selbstständigeres Arbeiten und Erschließen von Texten ermöglicht wird.
- Internetrecherche und Wörterbucharbeit sollte in den Fächern Erdkunde, Geschichte und Politik ein fester Bestandteil des Unterrichts sein.
- Fester Bestandteil der Schülermappen sollte ein Glossar mit wichtigen Begriffen und Redewendungen des jeweiligen Themas sein.

Nachdem der Wortschatz geklärt worden ist, sollten Sie **einzelne Textstellen inhaltlich und sprachlich analysieren** lassen. Die im Lehrbuch formulierten Aufgaben sind in der Regel viel zu allgemein. Die Schüler erhalten dazu ein **Arbeitsblatt mit gezielten Fragen zum Textinhalt**.

Gesellschaftswissenschaften

Die Schüler analysieren wichtige Gedanken sowie komplizierte sprachliche und inhaltliche Muster:

BEISPIEL

Fragen zur Quelle 1: Flugschrift an den Wiener Kongress

- Die Frage „Welcher wahre Deutsche kann kalt und schläfrig abwarten, was geschehen wird?" ist eigentlich gar keine Frage, sondern eine Aufforderung. Formuliere den Satz um.
- Welche Aufgaben sollen die Herrscher, also die Fürsten und Minister in Europa gegenüber ihren Völkern haben?

Fragen zur Quelle 2: Zeitungsausschnitt 1814

- Für wen hatte sich die Nation in Treue aufgeopfert?
- Wie begründet der Autor die Forderung nach einer gerechten Verfassung?

Viele neuere Geschichtsbücher enthalten mehr Bilder als ältere Bücher. Aber auch die **Sprache der Bilder** muss von den Schülern verstanden werden. Bieten Sie den Schülern **Übungen zum Dekodieren der Bilder** an, indem Sie Hintergrundwissen und sprachliche Muster der Interpretation zur Verfügung stellen.

TIPP

Die Sprache in Geschichtsbüchern ist ohne gezielte Hilfen sehr schwer zu verstehen. Da das Fach Geschichte nur ein- oder zweistündig erteilt wird und Sie somit als Geschichtslehrer häufig in vielen Klassen unterrichten, ist die Aufgabe, die Texte der Geschichtsbücher sprachsensibel aufzubereiten, sehr umfangreich. Arbeiten Sie daher mit den Kollegen in der Fachkonferenz zusammen und didaktisieren Sie die einzelnen Themen Schritt für Schritt.

Medientipps

QUELLENANGABEN IN LEHRWERKEN

Bintig, Ilse:
Meine erste Märchensammlung.
Arena Verlag, 2009.
ISBN 978-3-401-09183-9

Chemie Interaktiv 1, Differenzierte Ausgabe NRW.
Cornelsen Verlag, 2011.
ISBN 978-3-06-015579-8

Denkmal Geschichte, Bd. 2, NRW.
Schroedel Verlag, 2011.
ISBN 978-3-507-35612-2

Doppelklick, 2009.
Differenzierte Ausgabe NRW.
Cornelsen Verlag, 2009.
ISBN 978-3-464-61178-4

Duden Physik, Kl. 7/8, Thüringen.
Mecklenburg-Vorpommern.
Duden Verlag, 2011.
ISBN 978-3-8355-3149-9

Entdecken und Verstehen 1, Realschule NRW.
Cornelsen Verlag, 2009.
ISBN 978-3-06-064506-0

Fokus Mathematik, Gymnasium Kl. 5, Hessen.
Cornelsen Verlag, 2011.
ISBN 978-3-06-006618-6

Fokus Mathematik, Gymnasium Kl. 6, Hessen.
Cornelsen Verlag, 2011.
ISBN 978-3-06-006623-0

Schädlich, Hans Joachim:
Der Sprachabschneider.
Schroedel Verlag, 2011.
ISBN 978-3-507-47003-3

Standard Deutsch, Kl. 5, NRW.
Cornelsen Verlag, 2009.
ISBN 978-3-06-061889-7

Unsere Erde, Sonderdruck der Grundschulzeitschrift.
Kallmeyer – Friedrich Verlag, 2005.

Zahlen und Größen, Kl. 10, Gesamtschule NRW.
Cornelsen, 2002.
ISBN 978-3-464-55122-9

LITERATUR

Ahrenholz, Bernt; Oomen-Welke, Ingelore (Hrsg):
Deutsch als Zweitsprache. Band 9.
Schneider Verlag, 2010.
ISBN 978-3-8340-0662-2

Apeltauer, Ernst:
Wortschatzentwicklung und Wortschatzarbeit.
In: Ahrenholz, Bernt (Hrsg.):
Deutschunterricht in Theorie und Praxis, Bd. 9.

Medientipps

Schneider Verlag, 2008.
ISBN 978-3-8340-0508-3

Apeltauer, Ernst (Hrsg.):
Gesteuerter Zweispracherwerb: Voraussetzungen und Konsequenzen für den Unterricht.
Hueber Verlag, 1987.
ISBN 978-3-19-001423-1

Bainski, Christiane; Krüger-Potratz, Marianne (Hrsg.):
Handbuch Sprachförderung.
Verlag der Gewerkschaft Erziehung und Wissenschaft NRW, 2008.
ISBN 978-3-87964-309-7

Becker-Mrotzek, Michael:
Sprachlichkeit und fachliches Lernen.
Waxmann, 2013.
ISBN 978-3-8309-2659-7

Becker, Tabea, Peschel, Corinna (Hrsg.):
Gesteuerter und ungesteuerter Grammatikerwerb.
Schneider Verlag, 2006.
ISBN 978-3-8340-0022-4

Belke, Gerlind:
Mehr Sprache(n) für alle.
Schneider Verlag, 2012.
ISBN 978-3-8340-1021-6

Belke, Gerlind:
Das Rumpelfax.
Schneider Verlag, 2004.
ISBN 978-3-89676-782-0

Belke, Gerlind:
Mehrsprachigkeit im Deutschunterricht.
Schneider Verlag, 2003.
ISBN 978-3-89676-679-3

Belke, Gerlind:
Mit Sprache(n) spielen.
Textsammlung und Textkommentar.
Schneider Verlag, 2007.
ISBN 978-3-8340-0189-4

Benholz, Claudia; Lipkowski, Eva; Iordanidou, Charitini:
Bedingungen des Textverstehens – Stolpersteine und Fördermöglichkeiten.
In: Bartnitzky, Horst (Hrsg.)
Deutsch als Zweitsprache lernen.
Beiträge zur Reform der Grundschule, Bd. 120.
Grundschulverband e.V., 2005.
ISBN 3-930024-90

Benholz, Claudia; Lipkowski, Eva:
Fehler und Fehlerkorrektur bei schriftlichen Arbeiten von mehrsprachigen Schülerinnen und Schülern.
In: Bainski/Krüger-Potratz (Hrsg.).
Handbuch Sprachförderung.
Verlag der Gewerkschaft Erziehung und Wissenschaft NRW, 2008.
ISBN 978-3-87964-309-7

Medientipps

Chlosta, Christoph:
Grunddaten zur Mehrsprachigkeit im deutschen Bildungssystem.
In: Ahrenholz/Oomen-Welke (Hrsg). Deutsch als Zweitsprache. Band 9. Schneider Verlag, 2010.
ISBN 978-3-8340-0662-2

Ehlers, Swantje:
Lesen als Verstehen.
Langenscheidt Verlag, 2004.
ISBN 978-3-468-49678-3

Gießhaber, Wilhelm:
L2-Kenntnisse und Literalität in frühen Lernertexten.
In: Ahrenholz (Hrsg.). Empirische Befunde zu DaZ-Erwerb und zur Sprachförderung. Filibach Verlag, 2009.
ISBN 978-3-931240-48-6

Granzow-Emden, Matthias:
Wer oder was erschlägt man besser nicht mit einer Klappe?
In: Becker, Tabea, Peschel, Corinna (Hrsg.). Gesteuerter und ungesteuerter Grammatikerwerb. Schneider Verlag, 2006.
ISBN 978-3-8340-0022-4

Ekinci-Kocks, Yüksel:
Funktionaler Wortschatz für Kinder mit Deutsch als Zweitsprache.
Schneider Verlag, 2011.
ISBN 978-3-8340-0755-1

Heilmann, Beatrix; Grießhaber, Wilhelm:
Diagnose & Förderung leicht gemacht.
Klett Verlag, 2012.
ISBN 978-3-12-666801-9

Kniffka, Gabriele; Siebert-Ott, Gesa:
Deutsch als Zweitsprache – Lehren und Lernen.
Ferdinand Schöningh Verlag, 2009.
ISBN 978-3-8252-3730-1

Leisen, Josef:
Handbuch Sprachförderung im Fach. Sprachsensibler Fachunterricht für die Praxis.
Varus Verlag, 2010.
ISBN 978-3-941231-03-0

Leisen, Josef; Studienseminar Koblenz (Hrsg.):
Sachtexte lesen im Fachunterricht der Sekundarstufe.
Klett Kallmeyer, 2009.
ISBN 978-3-7800-1016-2

Merz-Grötsch, Jasmin:
Texte schreiben lernen.
Friedrich Verlag, 2010.
ISBN 978-3-7800-1043-8

Merz-Grötsch, Jasmin:
Schreiben als System.
Fillibach, 2001.
ISBN 978-3-931240-14-1

Medientipps

Michalak, Magdalena; Kuchenreuther, Michaela (Hrsg.):
Grundlagen der Sprachdidaktik. Deutsch als Zweitsprache.
Schneider Verlag, 2012.
ISBN 978-3-8340-1008-7

Müller, Frank:
Lesen und kreatives Schreiben.
Beltz Verlag, 2007.
ISBN 978-3-407-62592-2

Neugebauer, Claudia; Nodari, Claudio:
Förderung der Schulsprache in allen Fächern.
Schulverlag, 2012.
ISBN 978-3-292-00734-6

Prediger, Susanne:
Mathematiklernen unter Bedingungen der Mehrsprachigkeit.
Waxmann, 2011.
ISBN 978-3-8309-2602-3

Reich; Hans; Roth, Eugen; Döll, Marion (Hrsg.):
Auswertungshinweise, Der Sturz ins Tulpenbeet (Deutsch).
In: Klinger, Schwippert, Leiblein (Hrsg.). Evaluation im Modellprogramm. FörMig. FörMig Edition, Bd. 4.
Waxmann, 2008.
ISBN 978-3-8309-1989-6

Roelcke, Thorsten:
Fachsprachen.
Schmidt Verlag, 2010.
ISBN 978-3-503-12221-9

Röhner, Charlotte; Hövelbrinks, Britta:
Fachbezogene Sprachförderung in Deutsch als Zweitsprache.
Beltz Verlag, 2013.
ISBN 978-3-7799-2846-1

Rösch, Heidi:
Deutsch als Zweitsprache.
Sprachförderung in der Sekundarstufe I.
Schroedel Verlag, 2009.
ISBN 978-3-507-41751-9

Rösch, Heidi:
Deutsch als Zweit- und Fremdsprache.
Akademie Verlag, 2011.
ISBN 978-3-05-004544-3

Tracy, Rosemary:
Wie Kinder Sprachen lernen – Und wie wir sie dabei unterstützen können.
Francke Verlag, 2008.
ISBN 978-3-7720-8306-8

ZEITSCHRIFTEN

Ballweg; Schäfer, Miriam; Schmidtsdorf, Sven; Sommer, Janina:
DaZ im schulischen Schreib-Lese-Zentrum – Ansätze zur Förderung der schriftsprachlichen Kompetenzen von Schülerinnen und Schülern mit Migrationshintergrund.
In: Deutsch als Zweitsprache, Heft 1/2012.

Medientipps

Benholz, Claudia; Lipkowski, Eva:
Sachtexte verstehen, wenn Deutsch die Zweitsprache ist.
In: Grundschule Mathematik 24, 2010.

Benholz, Claudia; Iordanidou, Chartini:
Fachtexte im Deutschunterricht.
In: Deutschunterricht 4, 2004.

Benholz, Claudia; Lipkowski, Eva:
Förderung der deutschen Sprache als Aufgabe in allen Fächern.
In: Deutsch lernen Nr. 1, 2000.

Hein, Anke; Prinz-Wittner, Viktoria:
Beim Wort genommen! Chancen integrativer Sprachbildung im Ganztag.
Serviceagentur „Ganztägig lernen in Nordrhein-Westfalen", 2011, Heft 20, 2011.

Knapp, Werner:
Verdeckte Sprachschwierigkeiten.
In: Die Grundschule Nr. 5, 1999.

Michalak, Magdalena; Bachtsevandis, Vasili:
Zweitsprache Deutsch in Chemie, Geschichte und Co. – Sprachliche Voraussetzungen und didaktische Anforderungen im fachsprachlichen Schulunterricht.
In: Deutsch als Zweitsprache, Heft 2, 2012.

Praxis Deutsch: Bildungssprache.
Friedrich Verlag, Heft 233, 2012.
ISBN 0341-5279

AUFSÄTZE

Beese, Melanie; Fletcher, Stefan; Lang, Martin (2013):
Welche Sprache benötigen Schülerinnen und Schüler, um ihre Ergebnisse im Technikunterricht präsentieren zu können?

Belke, Gerlind (2011):
Generatives Schreiben.

Kniffka, Gabriele (2011):
Scaffolding.

Niederhaus, Constanze (2011):
Zur Förderung des Verstehens logischer Bilder.

Peschke, Beatrix (2011):
Biologie, Klasse 5: Exemplarische Übungen zum Textverständnis.

Tajmel, Tanja (2011):
Sprachliche Lernziele des naturwissenschaftlichen Unterrichts.

Index

Index